Caring

與病患者同行

給關顧者的屬靈指引

朱迪斯．艾倫．謝利 著

陳永財 譯

▼

Caring 系列

與病患者同行

給關顧者的屬靈指引

Spiritual Care
A Guide for Caregivers

作者
朱迪思．艾倫．謝利 Judith Allen Shelly

翻譯
陳永財

責任編輯
文肖玲

裝幀設計
奇文雲海．設計顧問

■

出版／發行
基道出版社
香港沙田火炭坳背灣街26號富騰工業中心1011室
LOGOS PUBLISHERS
Unit 1011, Fo Tan Ind. Centre, 26 Au Pui Wan St., Shatin, Hong Kong
電話：(852) 2687-0331　傳真：(852) 2687-0281
網址：http://www.logos.com.hk

承印
海洋印務有限公司

●

1/2013 初版
Cat. No. LP765
ISBN 978-962-457-454-8
Originally publlished by InterVarsity Press as
Spiritual Care: A Guide for Caregivers by Judith Allen Shelly.

刷次	10	9	8	7	6	5	4	3	2	1
年份	2022	2021	2020	2019	2018	2017	2016	2015	2014	2013

目錄

序言

二十三年前，沙倫．菲什（Sharon Fish）和我著手為護士寫一本關於屬靈關顧的書。透過基督徒護士團契（Nurses Christian Fellowship），我們主持了幾年的工作坊，教導護士有關病人的屬靈需要。護士開始實踐我們所教導的原則時，發覺他們的護理照顧有根本的改變。屬靈關顧令護士能夠做到他們最初成為護士時想做的事情——服事神和幫助其他人。護士也看到病人更快康復，病人在面對死亡時心裏有平安。每次我們主持工作坊時，護士都問我們：「我們在哪裏可以讀到更多相關資料？我們可以怎樣與其他護士分享這些材料？」最後我們寫了《屬靈關顧——護士的角色》（*Spiritual Care: The Nurse's Role*）。這本書在一九七八年出版，其後修訂了兩次。

近年我清楚看見：是時候有一本全新的書了。護士工作和健康護理都改變了。健康護理專業人士和教會對屬靈關顧的興趣都增加了。教會護士這個新角色也出現了。靈性在每一個地方都成了熱門話題。

在「以前的日子」，我們寫第一本《屬靈關顧》時，護士主要在醫院工作。病人往往在醫院留醫幾天，接受「檢驗」或者小手術。大手術則需要留院一星期或以上。護士能夠花時間與病人一起，認識他們。負責探訪的護士往往在病人出院後的幾個月裏，繼續探訪他們。這些長期的探訪，通常集中在病人的心理社會

（psychosocial）需要和身體的需要上。護士有時間與病人建立關係，提供敏銳的屬靈關顧。

今天，管理式醫療（managed care）把病人留在醫院的時間縮減至最短。以前的大手術現在可以在門診部進行。在醫院裏，大部分照顧病人的工作都由護理助理提供。很多護理專業人員只提供特定的服務：一個開始靜脈滴注，另一個處理呼吸治療，另一個負責物理治療，還有一個給予飲食指導。家居護理探訪為期很短，也不常有，也可能由多個不同的照顧者提供。病人往往感到孤單和害怕，迷失在非人性的系統中。專業的健康護理人士對這種改變也感到不滿，他們為無法提供富憐憫的個人護理而感到挫敗。

在健康護理的危機中，對屬靈關顧的需要變得更明顯。有關禱告的治療能力、信仰的價值和宗教委身對死亡率的影響等研究，甚至令最堅定的懷疑論者也對它們產生興趣。不單護士，醫生和其他專業護理人員，以及神職人員和教會的平信徒探訪員，都希望有提供屬靈關顧的實用指南。

芝加哥（Chicago）區的格蘭傑．威斯特貝里（Granger Westberg）牧師夢想在教會提供全面的健康護理，以屬靈關顧作為主要焦點。這個異象最終演變成興旺的教區護士運動（parish nurse movement）。這些教區護士，有時被稱為教會照顧護士或健康牧者，以義務或受薪方式擔任健康促進員、教育員、輔導員、倡導者和轉介者——但他們主要是綜合信仰和健康。他們的主要焦點在健康護理的屬靈面向。

不過，人們在健康護理中一窩蜂地把屬靈面向包括在內時，靈性卻成了多種不同的東西。如果你在一九七六年時問人：「你對屬靈事物是否感興趣？」你通常可以假設對方會從基督徒的處境回答。現在卻不再是這樣了。今天你會聽到任何東西：從水晶到女神崇拜。人們也概括地將靈性解釋為與宗教無關的事物。這樣，它便成了追求自我滿足，但卻沒有任何實質的東西。另一方面，基督教靈性則尋求與活著的神有動態的關係。

這本書是為想提供基督教屬靈關顧的人而設的。他們包括護士、教會護士、醫生、其他健康護理人員、神職人員和平信徒探訪員。它會幫助你接觸教會或專業實踐中有屬靈需要的人，你的鄰居或在巴士上坐在你旁邊的人。基本的假設是所有人都有同樣的基本屬靈需要，這些需要最終在耶穌基督裏才得到滿足。不過，我們毋須急於要別人改變宗教信仰或向別人傳道；而是可以溫柔地分享我們裏面的盼望。我們從敬拜羣體的處境中提供憐憫的同在、禱告、神的道、溫柔的觸摸、盼望的信息和醫治。透過這一切，聖靈的能力通過我們工作，也在我們裏面工作，榮耀耶穌基督，讓我們一起進入父神的同在。

我十分感激那些在過去多年為這本書的內容帶來貢獻的人。基督徒護士團契一直教導和建立這些材料。世界各地的基督徒健康護理工作者捕捉了這異象，進行研究和建立富創意的策略，照顧受苦的人的屬靈需要。我要特別多謝那些幫助我改善這本書的人：瑪麗．湯普森（Mary Thompson）、琳達．孔茲（Linda Kunz）、埃莉諾．埃德曼（Eleanor Edman）、梅洛迪．約埃（Melodee Yohe）、斯基普．麥克唐納（Skip McDonald）、格雷斯·泰慈利亞（Grace Tazelaar）和沙倫·菲什。我也要感謝美國校園團契出版社（IVP）的編輯琳達·多爾（Linda Doll）一直以來的熱誠和鼓勵。

為了保護個別人士的私隱，除了有註腳的故事外，所有人名都是假名。

第一部分

屬靈關顧是甚麼？

1

靈性與健康

瑪麗．盧（Mary Lou）是教會禱告隊忠心的成員。她似乎受著長期病患困擾。十年前的一次車禍壓斷了她幾條肋骨，令她背部長期疼痛。長期的子宮內膜異位（endometriosis）令她不斷感到腹痛。後來她的血壓開始上升，對藥物的反應亦欠佳。縱然有以上的一切問題，但瑪麗仍然顯得平靜，脾氣也很好。

雖然教會大部分人都認識瑪麗，並因她堅強的信心而十分尊重她，但沒有人熟悉她。她既害羞又沉默，除了每星期的祈禱會和崇拜外，很少參加教會的活動。她解釋說堅硬的椅子令她不太舒適，而且她也要留心自己的飲食。不過，現在她因為血壓高，她開始定期約見教會護士，量度血壓。

教會護士凱瑟琳（Kathryn）問瑪麗是否願意進行健康評估。瑪麗有點猶疑，但還是同意了。首先她們集中在身體問題上，瑪麗有很多這方面的問題，她似乎花了大部分時間約見醫學專家。她每天服食三十七種不同的藥丸，有些是處方藥物，但很多都是維他命丸和草本藥物。凱瑟琳小心列出每種藥物的名稱，想確定它們有沒有潛在的壞影響或會不會產生相互作用。

瑪麗的心理社會歷史（psychosocial history）同樣複雜。她童年時曾被侵犯，自從十三歲開始，她便斷斷續續地接受抑鬱症治療。她兩個成年兒子在中學畢業後不久便搬到外面居住。她已經很多年沒有見他們，也從沒有見過孫兒。她丈夫保羅（Paul）是她惟一的朋友，而她感到自己是丈夫的負累。

凱瑟琳開始屬靈評估時，希望這會是瑪麗生命中健康的一面。但在這裏凱瑟琳開始發現很多其他問題的核心。最初凱瑟琳對使用評估指引[1]有點猶疑。這個指引包括一個屬靈操練和實踐的核對表，表中有一些事項是頗為不尋常的。當然，瑪麗對這些實踐大部分都不認識。不過，令凱瑟琳驚訝的是，瑪麗幾乎對每一項屬靈操練和實踐都加上剔號，包括搖擺錘、默想一句咒語、徵求靈媒指引和很多另類療法。最後瑪麗抬起頭說：「我十分想建立我的靈性——只要是屬靈的事物，我都嘗試。」

不單瑪麗是這樣。我最近參加了一個教會護士支援小組的聚會。在聚會中，來自地區教會的十三位教會護士分享他們怎樣幫助教會裏的人應付壓力。其中有十人使用一些借自其他宗教或超自然的治療，包括瑜珈、超覺冥想（transcendental meditation）、太極、治療性觸摸、水晶、草藥治療、計劃飲食和按摩技巧來平衡陰陽、向「天使」說話、憂慮石（worry stones；譯按：源自古希臘，通常是指平滑、橢圓形的石頭，石上有一個拇指大小的凹位，人們相信用拇指和食指拿著它、摩擦它，可以減低憂慮）、香薰治療和不同種類的意象。他們討論這些技巧時，同意教會護士的角色應該是在屬靈方面提供服事，而他們亦將這些活動歸類為「屬靈的」。其中一個護士問：「我們還有甚麼其他東西可以提供？」

靈性在今天是熱門話題。幾乎每本雜誌、每份報紙、每個電視節目，最近都曾經以靈性為特輯。在本地商場的書店，靈性類的書籍數目比宗教類多四倍。而宗教類的大部分書籍都是關於基督教以外的宗教。究竟人們尋求的是甚麼靈性？為甚麼人們對屬靈事物那麼感興趣？

希坡（Hippo）的聖奧古斯丁（St. Augustine）禱告說：「祢為祢自己創造了我們，人的心永遠得不到安息，直至在祢裏面找到安息。」神創造我們成為有靈性的人——我們尋求超越自己的事物，為生命找尋一個處境。使徒保羅在亞略巴古向希臘的尋道者講道時解釋說：「他從一本造出萬族的人，住在全地上，並且預先定準他們的年限和所住的疆界，要叫他們尋求神，或者可以揣摩而得，其實他離我們各人不遠；我們生活、動作、存留，都在乎他。就如你們作詩的，有人說：『我們也是他所生的。』」（徒十七 26～28）

我們不須對著迷**靈性**的文化潮流感到奇怪。神造我們就是這樣，靈魂深深地渴望認識神，這是人類的基本需要。不過，現今的專業和流行文獻對靈性的界定有很大差別，我們並不是談及同樣的事物。近期有一個很盛大的運動，要以非宗教用語來界定靈性。宗教被視為思想狹窄、僵化和太有規限，而靈性則是開放、富創意和自由的。另一方面，研究其他宗教也成為流行的趨勢，包括佛教、印度教、道教、薩滿教（shamanism）和美洲土著靈性。各種神祇的萬神殿已經進入了美國的宗教舞台。

近期的民意調查似乎證實了這些觀察。一九九七年楊凱洛維奇伙伴公司(Yankelovich Partners)的調查顯示，與一九七六年相比，明顯有更多美國人涉足通靈、占星、輪迴和算命(參圖一)。[2] 蓋洛普調查(Gallup polls)追蹤美國人的宗教信念超過五十年，一致地發現接受調查的人中，超過百分之九十說他們相信神。不過，在一九七六年，問題便改為「你相信神，還是普遍的靈？」

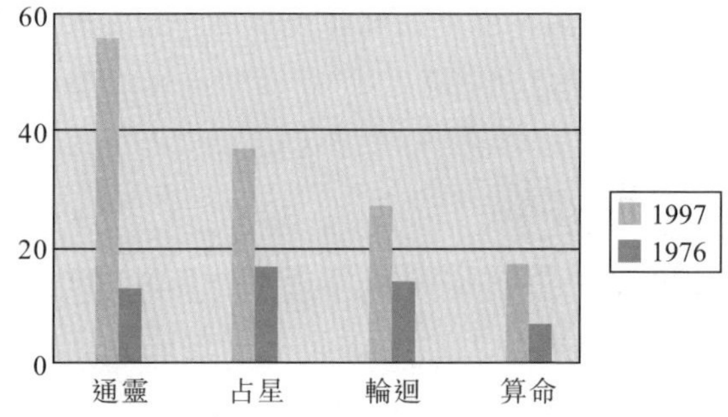

圖一：美國人的屬靈信念

一九九二年，這問題被分拆開，產生了一些有趣的結果。雖然只有百分之二的人不信任何靈、神或生命力量；但宣稱相信位格神(personal God)的人也只有百分之八十三。進一步追問這羣人，顯示「在林林總總的新紀元靈性主義者中，他們『比那些相信神的人更有可能……說他們相信占星、超感知覺、心靈或靈性治療、似曾經歷的感覺、鬼魂、外星生物到訪地球和輪迴』」。[3] 不過，那些相信位格神和那些追求其他靈性的人之間的分別並不清晰。如果百分之八十三的人相信位格神，但有百分之五十二相信通靈，這表示很大比例的信徒也涉足其他信仰。

使徒保羅在使徒行傳十七章指出，雅典人認真追求多種不同的神和靈性。接著他解釋說，他可以告訴他們，他們追求的未識之神是誰。我們自己的文化對靈性的著迷給我們類似的挑戰。但我們需要肯定我們應該追求甚麼靈性！在這本書，我們會視靈性為**整個人與神那動態的個人關係**。我們將這個定義與近期文獻和傳媒的定義比較時，可能會發現衝突。問題部分是來自我們所經歷的模糊推論，就是我們發現自己掙扎在轉變的模式和衝突的世界觀當中。

靈性和世界觀

現代的世界觀是由啟蒙運動（Enlightenment）帶給我們的。這運動始於十七世紀，它開始了歐洲文化的現代時期。雖然它的根源是基督新教（Protestant Christianity），並深受敬虔主義（pietism）影響，但經驗科學（empirical science）取代了神作為主要的權威。理性主義（rationalism）、物質主義（materialism）和民主是啟蒙思想的特點。我們大部分人都沉浸在這種世界觀中，以致不知道自己多麼深受它影響。我們假設如果我們不能以經驗研究證明一些東西，那些東西便不是現實或真實的。現代主義者雖然通常都承認神，卻視祂為遙遠、善良且脫離世界的。靈性很大程度上被視為迷信，而宗教則是私事，不應該在理性的人中間討論。

雖然現代的世界觀為科學和科技的興盛搭建舞台，但人們愈來愈明白我們已經失去了一些東西。現代主義將思想從身體分開，不給情感、信念、環境影響和身體健康之間的相互關係留有任何空間。另一方面，它令健康護理有驚人的進步。沒有人會想回到前現代的日子——在抗生素、免疫注射、麻醉或現代醫學手術出現之前。但今天出現了一個新運動。

後現代世界觀開始取代現代世界觀。它源自二十世紀，那時的哲學家嘗試**解構**啟蒙和現代主義的假設。後現代主義的影響現在滲入我們文化的很多方面裏，它徹底改變了人們對靈性的一般理解。近期文獻的趨勢顯示靈性愈來愈沒有內容，也脱離了宗教信仰。它是以經驗為基礎——包括感受和技巧。很多人急於解釋説：「這不是宗教。」結果，這靈性向一切開放，因為真理沒有絕對的標準。任何帶來舒適、力量或表面醫治的屬靈實踐都被視為同樣好的，可以歸入健康護理中。

某程度上，我們都適應了後現代主義的文化，它重視寬容、「政治正確」和多元文化。我們不願意以論斷冒犯別人——以致我們幾乎不作任何道德區別。雖然我們會認為我們的基督教信念對我們而言是正確的，但我們也可能認為其他宗教是同樣有效和真實。我們對佈道和宣教的興趣正在減退。很多基督徒忘記了福音是**好消息**，而聖經堅持跟隨其他神祇會令我們受奴役。

聖經的世界觀對靈性的看法有別於現代主義和後現代主義。事實上，**靈性**這個詞完全沒有在聖經裏出現。神沒有吩咐我們建立我們的靈性，因為屬靈在聖經裏總是位格性（personal）的。我們建立屬靈**關係**，我們有選擇——要不是接受神所給予的，透過耶穌基督與祂建立的關係；要不就是轉向其他靈。屬靈的世界是**真實**

的，不是心理投射或原始的迷信。它不是中立的世界。神一再警告祂的百姓，要避免與任何其他靈（神祇）勾結，不是因為祂想限制我們的自由，而是因為那是危險的。這些靈是誘人、具欺騙性和操控性的；「連撒但也裝作光明的天使」（林後十一14）。

太多時候，我們是從模塑我們的世界觀，而不是從聖經的世界觀去看待靈性。當我們辯解說我們不應該公開談論宗教——特別是基督教的見證時，我們是實用的現代主義者。另一方面，當我們假設我們應該鼓勵任何種類的靈性，視它為善意甚至良好時，我們卻成了相對的後現代主義者。

我們看靈性的主流趨勢時，需要牢牢地植根於聖經的穩固基礎，因為只有神能夠醫治我們，滿足我們裏面深刻的屬靈渴望。如果我們真的盼望滿足我們照顧對象的屬靈需要，我們的屬靈關顧必須專注於帶領人們去到耶穌那裏，讓他們個人地經歷那醫治。

靈性怎樣影響我們的健康？

研究顯示宗教對健康有益處。好像哈佛（Harvard）和杜克（Duke）這些受尊重的機構的研究，近期在專業文獻和流行媒體出現。它顯示定期到教會聚會的人較長壽；他們死於動脈硬化（arteriosclerosis）、肺氣腫（emphysema）、肝硬化（cirrhosis of the liver）和自殺的風險都較低；患病時復元得較快。他們的舒張壓（diastolic blood pressures）比不參加教會聚會的人低，他們的精神健康較好，婚姻也較穩定。而且研究顯示禱告「有效」。

現時對禱告的醫學研究似乎證實了基督徒一直已知道的事情，這令我們感到欣喜。但我們在對科學表達信心時必須謹慎。研究是證明還是否定神？我們怎能衡量「神在工作」(God-at-work)？禱告是否只在我們得到我們想要的東西時才有效？神想我們健康，指示我們祈求醫治，但祂沒有根據我們的準則來應允我們。

我們需要問的真正問題是：**聖經對健康和醫治有甚麼話說？**我們會檢視幾個聖經的觀念。首先，聖經對健康的定義是整全和廣泛的。它關乎健康的關係多於關乎沒有疾病。其次，醫治是耶穌事奉的主要焦點。最後，耶穌指示我們「去照著行」。

聖經對健康的理解緊密聯繫到 *shalom* 這個希伯來觀念。這個詞語往往翻譯為**平安**，但它的意義遠遠不單是沒有衝突。*Shalom* 是指在以神為中心的羣體中，人們與鄰舍有良好關係，照顧彼此身體、情感和靈性的好處，以及經濟利益、社會交往和環境安全。*Shalom* 和公義有很強的聯繫。而公義只有透過與神信實的關係才能夠找到。公義的生命引向 *shalom*，帶來喜樂和興旺(賽四十九 17～20，五十一 11～16)。

聖經裏健康的觀念也緊密聯繫到拯救的觀念，因為拯救的目標是帶我們進入神的 *shalom*(賽五十三 4～6，六十一 1～4；約十四 27)。希臘詞語 *sōzō* 同時表示「健康」和「拯救」。我們在馬太福音九章看見這樣的例子。耶穌首先藉著赦免一個癱子的罪而醫治他；接著他藉著吩咐那人起來回家，顯示醫治已經發生。後來一個患了十二年血漏的婦人觸摸耶穌的衣裳繸子，相信祂會醫治她。耶穌轉過來對她說：「你的信救(*sōzō*)了你」(太九22)。在兩個情況下，得醫治的人都不單脫離身體的疾病，他們也回到敬拜羣體。他們得到拯救和身體的醫治。

林賽(Linsey)是當代整全醫治的一個例子。林賽嚴重超重，血壓遠遠高於安全水平。醫藥不足以控制她的血壓，很多檢驗都不能找出生理的成因。林賽也有很多其他健康問題，而且似乎不能減肥。一天，林賽與一個朋友一起禱告時，她記起童年時一些嚴重的問題，令她對神感到憤怒。她能夠在心裏想像那情景，看見耶穌在那些可怕的情況下與她一起。隨著她開始感到神對她的愛和關心，她突然間開始感到身體好轉，體重亦逐漸減輕，血壓也慢慢回復正常。

很多人會説林賽的健康問題是「在她思想中」。耶穌則很可能説那些問題是在她心裏(太十三15)。不過，這並不是否定身體病徵的現實，也不是顯示所有身體疾病都是由罪引起的。重點是我們不能把人分為身體、魂和靈(或任何其他分類)，在不同專家之間把各方面分開。雖然醫生、護士、輔導員和神職人員會分別更集中在某一方面工作，但要得醫治，卻是要集合各方面一起朝痊愈方向努力。健康和拯救最終是一體的兩面。

有些基督徒確信教會的角色只是「拯救靈魂」。他們害怕參與太多社會問題，會令我們偏離了對拯救的關心。不過，拯救和醫治都是社會問題。真正的健康是表示人與神有動態關係的生活，成為基督身體中，能完全發揮功能的成員。耶穌從來不將健康和拯救分開。在所有福音書中，我們都看到耶穌教導、講道、醫治和趕鬼，這全都是同時進行的(太四23～25)。透過祂的醫治事工，耶穌證明祂是真正的彌賽亞（可二 10，三 11；約十一 4）。

人們湧到耶穌那裏，因為祂醫治身體的疾病。人們往往在身體的需要得到滿足後，才開始明白耶穌的信息。讓我們思考約翰福音九章那個生來瞎眼的人吧。最初甚至門徒也不憐憫他，只當他為一個客觀的教訓。猶太領袖相信所有苦難都由罪引致，門徒明顯也這樣相信。不過，耶穌透過施行醫治，讓那人更大地顯明祂的愛。

首先，耶穌以言語發出信息：「我在世上的時候，是世上的光。」（約九 5）祂談及祂有能力帶來拯救。接著，祂藉著把混和了自己唾液的泥，塗在那人眼上，令他得醫治，從而顯示出自己的能力。那人與耶穌交往時，他的信心增加了。他按照耶穌的指示，去西羅亞池洗眼時，顯示他在開始時已經對耶穌充滿信心。當他能夠看見事物，回來後，他便立即要面對宗教領袖的反對攻擊。他無畏地作見證，並稱耶穌為先知。宗教領袖繼續攻擊他，但他拒絕退縮。當他為耶穌辯護時，他的信心和理解力都增強了。最後，他再次遇到耶穌，提出問題，藉以更全面了解耶穌是誰，祂做了甚麼；然後便承認耶穌是主，並敬拜祂。他的醫治是完全的——他在身體和屬靈上都能夠看見——那醫治令他在社會中恢復應有的地位。

耶穌的受死和復活令我們所有人都得到醫治。以賽亞告訴我們：「哪知他為我們的過犯受害，為我們的罪孽壓傷。因他受的刑罰，我們得平安；因他受的鞭傷，我們得醫治。」（賽五十三 5）不過，我們活在「既濟與未濟」(now and not yet)的國度中。耶穌在十字架上勝過罪、死亡和撒但，但我們仍然要等候祂回來，讓祂以那能力施行統治。這段等候的時間可能充滿痛苦和苦難，但我們也可以一瞥神醫治的應許(羅八18～25)。現在耶穌命令我們照顧病人和有需要的人(路十9、37)。

初期教會認真地看待這個命令。他們關心別人，而不單關心教會的成員(例如徒六章)，也關心他們不認識的信徒(例如林後八章)和教會以外的人(例如徒二章；提前六18；雅一27)。在整個教會歷史中，我們都看見一個模式：接觸人們整全的需要，同時宣告福音。基督徒宣教總以兩個取向前進：在其他文化中為人們帶來健康護理和福音信息，讓他們可以經歷福音的醫治能力。

甚麼是屬靈關顧？

我們確立了我們是整全的人，不能分成沒有關連的部分。那麼，為甚麼我們必須談及**屬靈關顧**作為特別的事工？雖然我們不能將人分開，但我們可以作出區分。我們是誰和怎樣與世界交往是有不同的方面的。

我們有肉身的身體界定我們。保羅告訴我們：

> 有天上的形體，也有地上的形體；但天上形體的榮光是一樣，地上形體的榮光又是一樣。日有日的榮光，月有月的榮光，星有星的榮光；這星和那星的榮光也有分別。死人復活也是這樣：所種的是必朽壞的，復活的是不朽壞的；所種的是羞辱的，復活的是榮耀的；所種的是軟弱的，復活

的是強壯的；所種的是血氣的身體，復活的是靈性的身體。若有血氣的身體，也必有靈性的身體。（林前十五 40～44）

我們的身體是非常重要的。我們要照顧我們身體（弗五 29）和別人身體的需要（路十 37），但不要對它們沉迷（太六 25）。身體是聖靈的殿，要用來榮耀神（林前六 19～20）。有永恆的事物超越物質的身體。那就是個人在生時和死後維持與神的關係。從一開始，神便參與模塑我們的身體和生命的所有其他方面（詩一三九篇；賽四十三 1）。祂知道我們帶著的情感包袱，也與我們一起經歷這一切（賽四十三 2）。我們的身體、我們的情感和我們的人際關係全都有關連，但還有更多的東西（腓三 20～21；帖前四 13～18）。屬靈面向將我們生命的所有零碎聯繫起來(詩十六 8～9；賽五十五章)。

屬靈面向不是我們分開的部分，它不是深深地隱藏在我們身體裏面，並在我們死亡時飛走。它也不是含糊、非位格的能量場，與宇宙融合。它是我們身為人的本質，在我們與神的關係的中心。屬靈總是位格性的。

屬靈存有（spiritual beings）—— 無論是神、天使、鬼魔或人 —— 都有意志、意圖和品格。因此，屬靈關顧涉及促進關係。基督徒屬靈關顧集中在透過信心，藉著恩典，幫助別人建立及維持與神有動態的個人關係。這是可以透過耶穌基督的死亡和復活，以及聖靈的工作而達成的。我們成為那恩典的執事，以及基督的身體 —— 教會 —— 的代表。

隨著我們的文化變得愈來愈多元，對某些人來說，屬靈關顧也可以指促進與其他靈的關係。基督徒需要留意，對我們來說，這樣做會帶別人走入歧途。沒有「通用的」靈性這回事。基督徒與任何在神以外的靈進入關係就是偶像崇拜。帶領或支持任何人進行可疑的屬靈實踐，都會成為他們信仰的絆腳石。因此，我們也必須留意我們從哪裏尋求屬靈指導和指引。我們不應該從其他信仰系統裏尋求屬靈技巧或醫治的實踐。很多另類/補充的治療都屬於這個類別。屬靈關顧的第一條規則應該和任何其他醫藥介入一樣：**不要帶來傷害**。雖然這些治療可能顯得無害和吸引，但在運用之前，我們必須調查它們的屬靈源頭和最終目的，以及它們是否安全和有效。

基督徒的屬靈關顧只包括以下這些取向，才能夠加深和促進個人與神的關係。這些取向包括崇拜、憐憫的同在、禱告、讀經、基督教文學這個巨大的寶庫、個人觸摸、音樂，以及基督徒羣體的愛和支持。

靈觸摸靈

為甚麼屬靈關顧那麼重要？首先，由於疾病、情感創傷和失望可以模糊我們與神的關係。人在面對危機時是很脆弱的，而且往往感到絕望。沒有基督徒的支援和關顧，對脆弱的人來說，其他人提供任何給予幫助的東西都具有吸引力。掃羅王求助於「隱．多珥交鬼的婦人」（撒上二十八7）。瑪麗轉向「靈媒」。其他人嘗試一切，由鯊魚骨到水晶。但良好的屬靈關顧可令人安躺在耶穌的臂彎中。

深受痛苦的人感到神不再聽他們禱告，是常見的事情。他們的專注力可能很低，他們的視力可能不好，因此讀經對他們來說可能不會帶來安慰。他們可能不能參加崇拜或其他教會活動，因此感到脫離了團契。他們可能感到無助、無望和孤單。羅馬書十二章指示我們對彼此運用屬靈關顧：

> 愛人不可虛假；惡，要厭惡；善，要親近。愛弟兄，要彼此親熱；恭敬人，要彼此推讓。殷勤，不可懶惰；要心裏火熱，常常服事主。在指望中要喜樂；在患難中要忍耐；禱告要恆切。聖徒缺乏，要幫補；客，要一味地款待……與喜樂的人要同樂；與哀哭的人要同哭。（羅十二 9～13、15）

這樣做，我們的靈便會伸出和觸摸其他人的靈，並在信仰中鼓勵他們。我們向別人成為耶穌的代表。屬靈關顧不單是牧師和教會領袖的責任，也是每個基督徒的責任，我們要在別人患病和有危機時支持他們。屬靈關顧將我們的身體照顧和情感支持放在信心和盼望的處境中。

註釋：

1. 這個評估指引可以作為探訪禱告事奉的準備。雖然大部分屬靈評估指引都不包括神祕實踐這種清單，但或許這種清單是需要的。這間教會完成了評估指引的會友中，大約一半顯示他們嘗試過不同的神祕實踐。幾乎全部都從這些經驗中感受到一些持續的負面影響。如果沒有人直接問他們，他們很可能永遠不會提及這些事情。
2. Matt Nisbet, " New Poll Points to Increase in Paranormal Belief, " http://www.csicop.org/articles/poll/index.html.
3. Richard Morin, " Can We Believe in Polls About God? " *Washington Post*, June 1, 1998, http://washingtonpost.com/wp-srv/politics/polls/wat/archive/wat060198.htm.

2

評估屬靈需要

康尼（Connie）總是以為自己是忠心的基督徒，但當她知道她教會平信徒探訪員的其中一個責任是「滿足屬靈需要」時，她有點猶疑。

她可以明白探訪員要提供情感支持，以滿足探訪對象的實際需要，但屬靈需要不是牧師的責任嗎？她當然不認為自己是神學專家。如果她以教會的名義探訪，那還不夠屬靈嗎？

她第一次探訪不方便外出的會友海倫（Helen）時，開始明白屬靈需要可能包括甚麼。海倫已經八十七歲，在跌倒弄傷臀部前一直都是活躍的會友。現在她感到不安和孤立。康尼探訪她時，海倫不斷地說話，又不想康尼離開。

海倫解釋說：「我不單想念那些人。有時我因為不能參加崇拜或祈禱會，感到離神很遠。」康尼請她進一步解釋。海倫繼續說：「唔，我喜歡能夠和別人一起祈禱。有時神似乎聽別人祈禱多於聽我祈禱。傑瑟普（Jessup）牧師的講道總能夠幫助我明白聖經。我自己讀經時，我會有很多疑問。錄影帶不錯，但卻不是同一回事。我喜歡歌唱和詩班，但我最懷念的是別人的擁抱。現在再沒有人碰我了——教會是我惟一得到擁抱的地方。」

康尼問及海倫的家庭，卻發覺她的家庭交織著複雜的憤怒、怨恨和張力。她丈夫六年前去世。兩個兒子繼承了家族生意，但兩人對怎樣管理財政卻有不同意見。第三個兒子已搬往另一個州，他在家族生意上得不到任何利益，覺得自己受到不公平對待。海倫夾在他們中間。兒子們不斷爭吵，他們也來找她，期望她選擇支持其中一方。最終她拒絕與他們任何人說話。她的八個孫都是青年人，偶然會來探望她，並經常向她借錢，但卻很少歸還。她十分愛他們，但不認同他們的生活方式，也經常擔心他們。

海倫愈談及自己的家庭，表情愈不快樂，她也開始告訴康尼自從跌傷臀部後那個困擾她的問題。「我只是一個快將要死的老婦人。我會留下甚麼遺產？只是一羣吵吵鬧鬧的兒子，和自從確應自己相信基督後便再沒有踏足教會的孫兒。你認為神會怎樣看我？」

康尼不知道應該說甚麼。她可以怎樣幫助海倫？神怎樣看這情況？擁抱和家庭財政怎樣成為屬靈需要？突然間她留意到時間，並起來要離開。「海倫，我要走了，讓我來擁抱你吧！」

海倫高興地說：「啊，你幫了我很多！十分多謝你來。你離去前我們可以有個簡短的祈禱嗎？」

康尼壓抑擁抱後便逃跑的渴望。她坐下來，拉著海倫的手。她為兩人一起的時間感謝神，為海倫擔心的事情禱告，包括她的家庭和她渴望留下討神喜悅的遺產。康尼禱告時，海倫緊緊握著她的手，哭了起來。她啜泣著說：「你不知道這對我有多大意義。」

這是康尼第一次在沒有準備下高聲禱告。雖然最初她感到不自在，但她很高興海倫提出這個要求。那禱告明顯滿足了海倫感受上的需要，但也觸及康尼的深處。她感到自己與海倫有新的連繫，有共同的盼望，她希望神會在那處境中工作。

甚麼是屬靈需要？

正如人們對靈性有千差萬別的理解，屬靈需要的定義也是這樣。有些人視屬靈需要為涉及創意和藝術的範疇。有些人視屬靈需要為心理社會的需要——與精神健康和社會系統有關。個人對靈性的理解會決定他對屬靈需要的觀點。不過，聖經提出一幅屬靈需要的獨特圖畫。

聖經對屬靈需要最突出的反映是：我們需要與神有正確的關係。**屬靈需要是在與神建立和維持動態的個人關係上的一切所需事物**。正因為這樣，福音是**好消息**。神那麼愛我們，以致差派祂的兒子耶穌來供應我們的需要（約三 16），透過耶穌，神「成了肉身，住在我們中間」（一 14）。祂的愛給我們自由，好去愛別人（十三 34；約壹四 11～19）。我們都無聲無息地過著沮喪的生活，沉浸在罪的結果中，需要赦免（羅三 23）。透過耶穌的死亡和復活，我們的罪得到赦免（太二十六 28；約壹一 9），也有能力饒恕別人（西三 13）。而且，我們的生命需要意義和目的。我們需要別人對我們的需求，這是一種屬靈的需要。我們透過與神和祂百姓的關係，以及透過我們從他們那裏經歷到的愛和饒恕，找到生命的意義和目的。

根據以弗所書一章 5 至 14 節，神不單滿足我們的屬靈需要，也超乎我們想像地賜福給我們。我們接受神在基督裏給我們的愛和赦免時，祂也給我們的生命一個榮耀的目的。這為每次人們的相遇，每個我們所作的決定，甚至我們的疾病和苦難，都帶來深刻的意義。

總結而言，所有人都經歷三種基本的屬靈需要：第一，得到愛，並以愛作為回報；第二，經歷饒恕，也饒恕別人；第三，在生命中找到意義和目的，以及將來的盼望。屬靈需要最終只能夠由神滿足，我們從神得到滿足時，好處便流進我們的人際關係中。我們成為神的愛、饒恕和盼望的管道。保羅向哥林多人解釋說：「我們有這寶貝放在瓦器裏，要顯明這莫大的能力是出於神，不是出於我們。」（林後四 7）我們可能是破爛的瓦器，但神仍然使用我們。

屬靈需要可能顯得難以捉摸。雖然我們可以觀察到屬靈需要得不到滿足時的影響，但我們卻很難確定或量度屬靈需要。不過，每個人心裏都渴望尋求神，並渴望在這樣做時，能找到愛、饒恕和盼望。保羅解釋說：「所以，我們不喪膽。外體雖然毀壞，內心卻一天新似一天。我們這至暫至輕的苦楚，要為我們成就極重無比、永遠的榮耀。原來我們不是顧念所見的，乃是顧念所不見的；因為所見的是暫時的，所不見的是永遠的。」（林後四 16～18）大部分人都在內心深處感到，只有永恆——屬靈——的東西才有真正的價值。

甚麼是背後的需要？

康尼探訪海倫時，她間接地發現海倫同時經歷上述那三種屬靈需要。她感到自己脫離了教會和家裏其他人的愛，她的孤單妨礙她與神的關係。她懷念那些擁抱！她也被困於家人的衝突中，令她心裏充滿怨恨。她需要饒恕兒子，並幫助兒子彼此饒恕。但她卻停止溝通。她擔心兒子和孫兒，也擔心神對她的想法。經過這一切，她的生命顯得沒有希望。她失去盼望，也不再感到神可以在她裏面實現祂的目的。

聖靈在這個處境中工作，驅使海倫要求禱告。康尼跟海倫分享時，她是感受到海倫的憂慮，並為她的憂慮禱告。這正是朝向整全的行動。

我們要負責任地應付我們的關顧對象的需要，有系統地評估對方的屬靈需要是十分重要的。大部分人都不會好像海倫那樣開放。

最自然的評估方法，就是當你與探訪對象談話時，心裏簡要地記著那三種屬靈需要。詢問對方與教會、家庭、鄰居——和神的關係。跟進有關持續憤怒或怨恨的暗示，這些現象可能妨礙一個人給予或接受饒恕。細心聆聽對方提到背後的罪疚感，或對神的憤怒感到害怕。與對方討論盼望、夢想和目標，並鼓勵對方回想過去一些有意義的事件和關係。

評估屬靈需要的目的，是確定一個人與神和其他人的關係的性質，讓那人有機會接受屬靈支持。雖然聖靈或我們被神聖化的直覺有時可能引導我們看到屬靈需要，但我們不能倚賴它們。有時更正式的評估取向會令我們能夠看出更深的需要，這是在閒談中可能看不到的。

觀察

評估的第一步是觀察那個人和圍繞那個人的處境。

運用你的眼睛和耳朵去找出有關屬靈問題的提示。

留意房間。電視機是否開著？它的頻道是崇拜節目還是肥皂劇？它只是背景聲音，還是你的探訪對象正目不轉睛地盯著它，並無心與你談話？周圍有聖經或其他宗教書籍嗎？那些書籍看起來有經常閱讀嗎？周圍還有甚麼其他讀物？

留意展示的繪畫。如果你看見宗教藝術品，它似乎傳達關於神的甚麼事情？房間看似是溫暖和吸引，還是空洞、不舒適和混亂？你看見任何古怪的東西嗎？例如：一個牧師探訪一個教會會友時，留意到有幾個金字塔顯眼地擺放在那婦人喜歡的椅子附近。他問及那些金字塔時，婦人解釋說是兒子造給她的，它們能夠傳遞屬靈力量。她接著邀請牧師和她一起坐在地庫一個大金字塔裏。牧師婉拒後，便可以將話題轉向她對神的理解。

探討你觀察到的事情。問及照片展示的人和地方。看看特定的照片有沒有特別的回憶。問對方有甚麼特定的閱讀材料，喜歡甚麼聖經經文和靈修指引。詢問一下特別的家具或裝飾背後的歷史。例如：問及亨理埃塔（Henrietta）的客廳一個古董簧片風琴時，她記起自己年青時在教堂彈奏過同一款的風琴。但因為她在聚會後彈奏一些流行曲調，受到長老責備，令這些美好回憶變得失色。以後很多年她都遠離教會，她在幾十年後的一次拍賣會中買下這個風琴。

留意情緒和態度。那人顯得孤單、沮喪、憤怒、焦慮或激動嗎？如果是的話，他或她有沒有服藥或接受輔導——或者這有否帶來問題？一些藥物的副作用可能引致情緒波動或抑鬱；長期抑鬱往往可以用抗抑鬱藥大大改善。另一方面，有些抑鬱可能由不現實的罪疚感或對神懲罰的恐懼所引發。不要假設每個情緒問題都有屬靈元素，但也不要排除這個可能性。

要警覺可能顯示屬靈需要的行為。對方在飯前或其他時間禱告嗎？他們閱讀宗教書籍嗎？他們睡眠有困難嗎？他們有不恰當地開玩笑嗎？例如：在接受心臟手術的前一晚，哈羅德（Harold）開始講關於地獄的笑話，並説他可能會去那裏——這明顯是要求屬靈幫助的呼喊！

細心聆聽。人們往往會發出隱晦的提示，顯示他們想談及屬靈的事情，但他們不肯定你會怎樣回應。他們有沒有提到神、禱告、信心、教會或宗教課題（即使只是簡短地）？他們想牧師探訪嗎？他們有表達對死亡的恐懼嗎？我曾經在醫院照顧過一個剛接受完手術的病人，他不斷按燈，要求喝咳水。最後他説：「我不斷地咳。你認為我會死嗎？」我只可以向他保證，他因為手術期間使用的呼吸管而令氣管敏感，但有些事情令我能深入地探討他的問題。原來他害怕自己有肺癌（但他沒有），原因是他認為神會因為他對太太不忠而懲罰他。

留意人際關係。家庭成員怎樣交往？誰來探訪？那人怎樣回應訪客？那人顯得孤單嗎？如果是的話，那是刻意的選擇，還是人際技巧欠佳的結果？那人有沒有受到情感或身體的虐待？

例如：經過輕微中風後，默特爾（Myrtle）搬去與兒子一家一起居住。她是可愛、安靜的女人，忠心地參加崇拜和婦女查經班多年，但在不能再駕駛時她便停止這樣做。

她教會的護士詹（Jen）每星期都探訪她。但默特爾在兒子家裏好像變了另一個人。那家人既嘈吵又不體諒別人，往往大聲說粗言穢語。屋裏有濃烈的煙味，而默特爾是對煙敏感的。默特爾的房間在後院，沒有暖氣，而且被圍起來。她惟一可以去的洗手間有廁所和洗手盆，但卻沒有沐浴設備。她雙眼又紅又有淚水，她也不斷咳嗽。詹提議帶她去看醫生。在途中，默特爾講述她受情感虐待的故事，說兒子騙她將房子和銀行戶口交給他。突然間，默特爾停止說話，她告訴詹，如果她家人發覺她說這些話，他們可能會報復。接著她繼續說：「為甚麼神容許這樣的事情發生？」

詮釋

評估過程的下一步是找出你觀察到的事物那背後的意義。觀察可以欺騙人。它們需要經過驗証。例如：卡拉(Carla)和安娜(Anna)是未婚的姊妹，她們與母親埃德娜(Edna)一起居住，在埃德娜長期患病時，她們似乎很關心地照顧她。教會其他人公開稱讚她們。不過，有一天教會的護士瑪麗(Mary)在卡拉和安娜不在時到訪。瑪麗稱讚那兩姊妹看起來多麼仁慈。但埃德娜臉色一沉地說：「她們對我很刻薄！」瑪麗溫柔地查問細節。埃德娜解釋說：「有時我行動得不夠快，她們會打我。」她慢慢捲起衫袖，露出一大片瘀傷。

問一些圍繞個人事情的開放性問題，可能揭露出一些令人驚訝的事情，或者這可給與大家進一步討論。例如：你可以說：「我看見你茶几上有一本用舊了的聖經。你有喜歡的經文嗎？」某人可以利用這機會分享一段經文所帶來的安慰，而另一個人則可能解釋說，那本聖經屬於另一個家人，而那人會用聖經來論斷和譴責別人。

瑪麗．休（Mary Sue）是鄰近一間教會的兼職青年工作者，我探訪她時她經常提到自己的「祈禱密室」，她解釋說耶穌在馬太福音六章6節命令我們進到內室禱告。我從沒有想到要去看那祈禱密室。一天她主動提出讓我看那密室。她打開門時，房間裏充滿濃烈的燒香味道。她在密室的地上放了一個大枕頭，前面有一個祭壇，上面有蠟燭和十字架，還有一個香爐，一串伊斯蘭祈禱珠、一串念珠和一些雕像——包括佛祖、毗瑟挐（Vishnu；印度教三大神之一）和好些不熟悉的偶像。她有點不知所措地看著我說：「我總是分散投資。」

花了幾分鐘恢復鎮定後，我要求瑪麗告訴我關於祈禱密室的事情。她講述她漫長的屬靈旅程，以及她在期間建立的友誼。雖然她在五旬宗的教會長大，但在讀大學時她因為自己的背景而感到尷尬。她不喜歡那些限制，她渴望看見「真正的世界」。每當她遇到她欣賞的人，她都查問他們的屬靈理解，吸收他們的信仰和實踐，並假設自己可以繼續作基督徒。她真正想得到的是屬靈力量，而這些其他的神祇似乎提供了這種力量給她。不過，近期她在祈禱密室中經歷了一些可怕的事情，她懷疑是神來對付她。

我催促她：「多講一些這些經驗給我聽。」接著她描述的並不像與神相遇。我提議在接著的那個星期與她一起查經。她同意了。我們由創世記三章開始。她立即在伊甸園夏娃受試探的故事中看見自己。她流淚跪下，承認自己的罪，將祈禱密室的所有東西都丟到垃圾箱。

沒有人（包括我）想到要評估瑪麗那不尋常的禱告

生命。她的禱告生命雖然有點古怪，但聽起來很合乎聖經。我們按表面接受它。但她的祈禱密室是尋求幫助的迫切呼喊，而我們忽略了。同時，她正在影響青少年小組的人，使他們探索危險的屬靈路徑，引導他們走向歧路。

另一方面，卡斯（Cass）有另一幅圖畫。她與男朋友搬到我們以家庭為中心的社區裏。她沒有期望鄰居認同她的生活方式。她顯得驕傲和自信，她熱切地歡迎訪客——直到人們在對話中提及神或教會。我假設這個課題是不能談論的。一天，我和家人幫助她清理了車道的積雪後，她問我是甚麼護士。我解釋說我為基督徒護士團契工作，她會意地看著我說：「我也知道！你令我想起我在護士學校裏最好的朋友。她們都是重生基督徒——她們現在仍為我禱告。」那便開始了一連串回避衝突的對話，她先向我剖白，然後避開我數個月。她在搬走前都沒有成為基督徒，但我肯定「天堂獵犬」（"Hound of Heaven"；譯按：英國詩人湯普森〔Francis Thompson〕寫的一首宗教詩的詩題）仍然在追趕她。

這個故事的道德教訓是：我們不能假設，我們在表面觀察到的事物，真的是人們靈魂裏的真相。教會裏最敬虔的人可能在密室裏坐在金字塔內，或者收藏了一些神像。滿口粗言穢語的反叛人物可能熱切地尋求神。如果身為護士、牧師、教會探訪員或導師的你關心某人，記下屬靈評估指引會有助你澄清屬靈資源、需要和關注。

評估指引讓我們找出個人在宗教實踐上的長處和意義，它可以幫助對方打開大門，幫助對方建立和維持與神有動態的個人關係。這不是作判斷或給予指導的時候；它的目的只是收集資料。接著你便可以更具體地在對方的信仰和理解層面介入。表一的問題有助我們收集足夠的資料，以進入對方的宗教世界，藉以幫助他們。[1] 在本書第四至第八章，我們會更具體地看怎樣處理收集到的資料。

一、了解那人有關神的信仰	1. 你會怎樣形容神？ 2. 你怎樣認識神？ 3. 神怎樣介入你的生命？
二、確定那人在宗教實踐上的參與	1. 甚麼屬靈實踐對你是重要的？告訴我關於這方面的事。 2. 你是否一直都屬於同一間教會？告訴我你的宗教歷史。 3. 你的健康怎樣影響你在教會中的參與？ 4. 誰對你的信仰有最大的影響力？
三、評估那人的屬靈資源	1. 你的信仰怎樣幫助你？ 2. 禱告對你重要嗎？怎樣重要？ 3. 聖經或任何其他宗教書籍對你有幫助嗎？怎樣有幫助？ 4. 有沒有任何事件或經驗改變你對神的感覺？怎樣改變？ 5. 你現在的疾病/危機有沒有為你的信仰帶來任何改變？怎樣改變？ 6. 誰在屬靈上支持你？
四、評估那人得到盼望和力量的資源是否以現實為基礎的	1. 你的信仰現在對你有哪程度上的重要？ 2. 你感到害怕或孤單時，甚麼對你最有幫助？ 3. 你現在希望得到甚麼嗎？告訴我更多這方面的事。 4. 你現在力量的來源是甚麼？
五、給那人機會接受屬靈幫助	1. 我可以做甚麼以在你的信仰上支持你？ 2. 你想我為你禱告或讀聖經給你聽嗎？ 3. 你想牧師或你教會其他人來探訪你嗎？ 4. 你想收到崇拜錄影帶或教會的書面材料嗎？

表一：評估需要

自我評估

為了準確地評估別人的屬靈需要，我們也需要察覺自己的屬靈需要。正如我們已經確定那樣，屬靈健康和我們與神及別人的關係緊密相連。以下的評估指引旨在幫助你，以人際關係為背景下，檢視你與神的關係。

首先，請思想以下問題。你可能想將答案寫在筆記簿或札記內。在寫下時，想一想這些問題引起的回憶，細想在你生命中，你可能想尋求引導或支持，藉以帶來改變的方面。

與朋友或禱伴一起使用時，這個指引對你們是特別有幫助。找一個你信任的同伴。同意互相訪問。給每個人充足的時間——至少幾小時。自由地跟進思考、感受和表達的關注，停下來禱告，或者當訪問變得太緊張時休息一下。你可能會因為發現了你自己和神在你生命中的工作而感到驚訝。

評估指引

1. 用一段話語描述你的童年。
2. 描述在成長時和現在，你與父母及兄弟姊妹的關係。
3. 如果在已婚，描述你與配偶或前配偶的關係。如果你未婚，描述你生命中最重要的「另一個人」，以及那關係怎樣發展。
4. 如果你是父母，描述你與孩子的關係。如果你沒有自己的孩子，誰是你生命中重要的孩子？描述你與他們的關係。
5. 在你童年和成年，分別有甚麼最重要的**正面**事件發生？為甚麼？

6. 在你童年和成年，分別有甚麼最重要的**負面**事件發生？為甚麼？
7. 你怎樣認識神？
8. 你成長時怎樣經歷神？
9. 你會怎樣形容神？
10. 你一生中與神的關係有甚麼危機時刻？當中涉及甚麼問題？你與神的關係怎樣改變？
11. 你年幼時，誰是你在信仰發展中最重要的人？成年時那又是誰呢？
12. 如果你已婚或結過婚，你的婚姻怎樣影響你的信仰？如果你未婚，你最親密的朋友怎樣影響你的信仰？
13. 描述你的信仰羣體（你的教會和其他團契）。這個羣體怎樣培育你的信仰？它怎樣妨礙你的信仰？
14. 甚麼禮儀、操練或其他宗教實踐對你特別有幫助或有意義？（聖禮、崇拜經驗、靈修習慣、屬靈導引等等）。
15. 在與神的關係中，你在哪裏找到最多支持？
16. 在你現階段的生命中，你需要甚麼屬靈支持？你是否得到？
17. 描述你對神感到憤怒的時候。你怎樣度過那時期？
18. 神現在怎樣在你生命中工作？
19. 你的信仰在你日常生活中怎樣幫助你？
20. 你的信仰怎樣影響你生命中的重大決定？
21. 你與神的關係怎樣影響你對別人的關顧？
22. 你感到驚惶時會運用甚麼屬靈資源？

你作訪問者時，鼓勵你的朋友講述，這些問題引發他們回憶或思考了哪些有關自己的故事。這時你要聆聽，不要加上自己的意見。在另一天，與對方調換角色。

你也可能想在你關顧對象身上使用這指引。你使用這些問題時，要留意對方任何有關屬靈需要的提示。提出跟進問題，讓對方可以講述自己的屬靈旅程。完成評估指引後，你們很可能想一起禱告。要確保在任何有掙扎的領域裏，你們可以有更多討論的機會。如果在談話過程中明顯看見深層的困難，溫柔地提議尋找合適的專業幫助，例如與牧師或輔導員傾談。

註釋：

1. 取自Ruth I. Stoll in Judith Allen Shelly and Sharon Fish, *Spiritual Care: The Nurse's Role* (Downers Grove, IL: InterVarsity Press, 1988), 64。

3

衝破屬靈關顧的障礙

安琪拉(Angela)是我的老朋友，在我預備教授關於屬靈關顧的課堂時，她剛好在這裏。由於安琪拉教授精神健康護理，我決定就我的講課徵求她的意見。她看著我的大綱輕蔑地說：「你和這所謂的**屬靈關顧**是甚麼？這只是鬼鬼祟祟的佈道！」

我試探地問：「你沒有遇過病人提出需要屬靈關注嗎？」

她強調說：「從沒有！病人不期望護士干涉他們的屬靈生命。如果他們想得到屬靈關顧，他們會上教會。」

安琪拉迴避屬靈關顧，很大程度上是來自她對神的反叛。在護士生涯的初期，她花了一段時間在巴基斯坦作宣教士。那三年艱苦的宣教生涯令她破碎和憤怒。從那時開始她便逃避神。她自己個人的包袱令她不能聽到別人對屬靈關注的需求。她在研究院攻讀精神健康護理的經驗，進一步強化了她的想法，認為屬靈關注只源自情緒困擾——它有時也引致情緒困擾。

安琪拉對屬靈關顧的反應來自她自己個人的掙扎。很多照顧者都忽略人們對屬靈幫助的迫切需求，只是因為那些需求並不明顯。例如：傑理(Jerry)在手術前似乎鎮定和有信心。他從沒有表示信仰對他特別重要。牧師探訪他時，他們一起看電視足球比賽，開玩笑說弱隊得勝。牧師在離開前用力與傑理握手，表示會為他禱告。

護士黛安娜（Diane）將傑理轉移到手術室的擔架牀時，說牧師來探訪是多麼好。傑理眼泛淚光，聲音有點哽咽地說：「是的，但我希望他是真正的牧師，而並非只是朋友。」

黛安娜推傑理到手術室時，問他真正的牧師做甚麼。傑理猶疑了一會說：「唔，我想他們會祈禱吧，但能夠親耳聽到他們這樣做，意義更重大。」黛安娜將傑理推到預備手術的區域後，提出為他禱告。她祈求神引導做手術的醫生，幫助傑理很快康復時，傑理握著她的手啜泣。他說：「很感謝你。我本來很害怕。知道有人為我祈禱，真的很有幫助！」

冒險的障礙

我們大部分人都受到社會教化，要表現得自足和在情感上自制。疾病或其他危機可能很快除去我們的防衛，因為我們突然發覺，我們畢竟不能掌管自己的生命。問題開始困擾我們，因為如果生命不由我們控制，那麼由誰控制呢？屬靈問題往往吸引人們走向神，甚至令他們心裏感到恐懼。例如：羅斯（Rose）在診斷出患有充血性心力衰竭（congestive heart failure）時開始上教會。當她停下來與教會護士談及自己的情況時，她解釋說：「我真的害怕自己會死，如果我真的死去，我會下地獄。我怎能與神有正確的關係？」

不過，大部分人都並非如羅斯般坦白。他們表面上可能顯得鎮定和控制一切，但內裏卻可能已經分崩離析。例如：珍（Jane）是小學三年級的教師，患了乳癌（breast cancer），而且癌細胞已經擴散。她在接受化療期間繼續教書，也照顧丈夫和三個孩子。她從來不討論自己的恐懼，甚至不討論她感到的痛楚和反胃，因為她不想別人可憐她。當教會的朋友蕾切爾（Rachel）問珍可否與她一起禱告時，珍跌坐到身邊的椅子說：「我以為你永遠不會這樣問我！」

要記得，我們都是屬靈的存有。我們可以將屬靈需要埋藏在鎮靜的外表之下，但這個需要是仍然存在的。在內心深處，大部分人都渴求別人的屬靈關顧和支持。即使別人的屬靈需要並不明顯，我們也要毫不猶疑地給他們屬靈關顧。要小心評估。要掙開眼睛，張開耳朵，留意提示。避免給別人壓力，但要讓人可以接觸到你，即使你提出幫助時被拒絕。因為我們在表達關懷時，由於過分謹慎而犯錯的可能性，遠高於因冒犯別人而犯錯。

即使是安琪拉——我那憤怒和悲觀的朋友，她被診斷出患有膀胱癌（bladder cancer）時也來找我說：「好吧，我預備好接受你那一直談論的屬靈關顧。我現在需要它。」在生命的最後幾年，她回到教會，加入一個查經小組，定期與一羣朋友見面禱告。她甚至開始教導別人怎樣提供屬靈關顧。

大部分基督徒都不是天生懂得提供屬靈關顧的。我們那步伐快速，以任務為導向的文化分散了我們的注意力，轉移了我們的優先次序。屬靈關顧的主要障礙包括：

- ☐ 隱藏的需要。人的需要可能不明顯——要不是因為人們不願表達，就是因為我們在他們表達時沒有聆聽。

☐ 害怕闖進私人領域，從而冒犯對方。

☐ 沒有時間。

☐ 感到未準備好或得不到裝備。

我們已經看過幾個有關隱藏的需要的例子。現在讓我們看看其他障礙，並考慮一些克服它們的方法。

闖進私人領域

我們從現代主義繼承的部分遺產是認為宗教屬於私人事務。當我讀護理學，開始臨牀實習時，在制服的口袋裏放著一張三寸乘五寸的卡紙，列出導師教導我適宜與病人談論的課題。在卡紙背後我寫道：「不適宜談論的課題：性、政治和宗教。」我的導師恐怕這些敏感話題可能帶給病人不必要的壓力。

時代改變了。我們現在對富爭議性的課題持更開放的態度。護士有時甚至要考慮屬靈面向，作為評估需要的一部分。後現代主義告訴我們，靈性是重要的，但宗教則是僵化和帶來分歧的。不過，除了問個人與教會的聯繫外，大部分關顧者都不大願意討論個人的屬靈信念和關懷。我們嘗試將我們的基督徒信念與我們的公共生活分開，希望我們的信仰會單透過我們的行動顯明。

耶穌沒有給我們這個選擇。祂尖銳地對我們說：「凡把我和我的道當作可恥的，人子在自己的榮耀裏，並天父與聖天使的榮耀裏降臨的時候，也要把那人當作可恥的。」（路九 26）我們看見使徒彼得和約翰認真地看待耶穌的話，他們在那些指控他們的人面前認信：「聽從你們，不聽從神，這在神面前合理不合理，你們自己酌量吧！我們所看見所聽見的，不能不說。」(徒四19～20)在晚年，彼得指示教會：「只要心裏尊主基督為聖。有人問你們心中盼望的緣由，就要常作準備，以溫柔、敬畏的心回答各人；存著無虧的良心，叫你們在何事上被毀謗，就在何事上可以叫那誣賴你們在基督裏有好品行的人自覺羞愧。」(彼前三15～16)

屬靈關顧的關鍵是溫柔和尊重。或許人們明確地反對講述「在基督裏的盼望」的其中一個充分理由，是太多基督徒好像兒童照顧受傷的動物般，那樣笨拙地進行佈道。他們有良好的意圖，但結果卻是進一步傷害這些動物。很少人是因為別人的辯論、羞辱或威嚇而進入神的國度。保羅向我們保證：「我不以福音為恥；這福音本是神的大能，要救一切相信的」(羅一16)。那是好消息——是我們不敢只留給自己的好消息。不過，即使好消息，也需要人有技巧地傳遞。

耶穌容許人們選擇向祂說**不**。對信奉其他宗教或對屬靈事物不感興趣的人，我們也應該給予這樣禮貌的對待。我們可以公開與錫克教徒(Sikh)或穆斯林(Muslim)分享我們的信仰，但我們不應該操控或強逼他們。那是**逼人改變信仰**，不是佈道。雖然有很多人在面對危機時可能會開放地尋求神，但亦有其他人會更堅定地向自己自小接受的信仰求助。在這些情況下，我們可以幫助他們，在他們的信仰傳統中找人支持他們。不過，我們可以繼續維持大家的友誼，細心地聆聽他們的信仰故事。我們可以提出為他們禱告。有時我們可以邀請他們出席基督教活動和節目，讓他們認識基督。在過程中，我們與他們對話，找機會溫柔地分享我們的故事。

例如：我在飛機上認識了一個日本交換生里美（Satomi）。從飛機在韓國起飛後那十五小時的航程中，我們不時的交談。她對留下患病的母親在日本，感到很內疚，因為她們分別時關係並不好。她在我家裏附近的大學上課，因此我邀請她週末來我家。雖然她一直都沒有信主，但我們開放地談論基督教，以及她在神道教（Shinto）和佛教文化中身為不可知論者的經驗。我們討論她的家庭問題和她在學業上的困難。她和我們一起上教會，也經常要求我為她禱告，我亦有這樣做。她指出基督徒是「好人」，因此她想和基督徒一起，但她不能走出信心的一步。

鼓起勇氣

有時我們並非真的以福音為恥，或害怕在公開討論福音時遇到反對——我們只是在討論屬靈關注時感到不自在。那感覺太個人，也可能揭露出我們的脆弱。例如：亨利（Henry）患有嚴重的心肌梗塞（myocardial infarction），他女兒去找牧師，發狂似地請求他說：「我的兄弟和我都不知道爸爸是否認識主，我們也不知道怎樣問他。」牧師對她的擔心感到意外。亨利在教會一直很活躍，忠心地參加崇拜和查經班。他公開地談及自己對主的愛，但他卻從來不能與兒女談論自己的信仰。

在那個星期稍後的時間，牧師將亨利的家人召集到亨利的牀邊。牧師說：「亨利，你的孩子想知道你是否認識主。」

亨利將手伸向最接近他的兩個孩子時，眼中含著淚水。「我認識主。在你們出生後，我每一天都為你們禱告，我心裏最渴望的就是能夠與你們談論主，但我只是個老農夫，我找不到合適的字眼，我猜你們母親會做得比我好，所以就交由她負責。」情感的障礙消除後，他們流淚擁抱。亨利不單經歷身體的醫治，也經歷屬靈的醫治。

希伯來書告訴我們：「也要堅守我們所承認的指望，不至搖動，因為那應許我們的是信實的。又要彼此相顧，激發愛心，勉勵行善。你們不可停止聚會，好像那些停止慣了的人，倒要彼此勸勉，既知道那日子臨近，就更當如此。」（來十 23 ～ 25）亨利的孩子看見他離死期不遠，擔心那會是永恆的死亡。如果他們沒有在天家重逢的保證，那會是多麼令人難過。

在屬靈存有的深處，人們都渴望認識別人和讓人認識，但很多人害怕如果讓人知道自己的真面目，會受到拒絕。以弗蘭（Fran）為例子，她以前是宣教士，後來在神學院教授基督教教育。她堅強、能幹又有主見，似乎以自己可以為神成就多少事情來衡量自己的價值。在夏天的宣教旅程後，弗蘭患了一種神祕的疾病，令她精疲力竭，最終迫使她放假。弗蘭的一個學生金妮（Ginny）來探訪她時，弗蘭嘗試保持自己專業的沉著，但金妮的直覺促使她探尋弗蘭的屬靈需要。

金妮提出：「如果我是你，我會對神發怒！你奉獻一生事奉祂，但卻落得如此光景。」

弗蘭停頓片刻，然後開始飲泣：「我感到自己很無用！我開始想到我與神的整個關係，都只是建基在我可以為祂做甚麼。我害怕讓祂為我做任何事。我知道我們不能賺得自己的救恩，但我肯定自己努力嘗試這樣做。

只是坐著，相信神會工作，實在很困難，但我現在只能這樣做。」

雖然弗蘭的坦白對她和金妮都是痛苦的，但卻是她得醫治的轉捩點。弗蘭開始明白，她需要接受輔導，處理來自童年和宣教經驗那些長期埋藏的傷口。她開始學習怎樣接受別人的幫助，也學習新的關顧方法。她最終重執教鞭，她的教導因為她軟弱的經驗而得以改進。

你可以怎樣超越滿足屬靈需要時的恐懼？要開始做！一旦你投身其中，每一步都會變得更容易。

- □ 找一個禱伴。定期一起禱告。分享你們從聖經中學到甚麼，以及怎樣將它應用在日常生活中。
- □ 參加一個查經或禱告小組。學習分享自己的屬靈掙扎，以及聆聽別人的掙扎。
- □ 下次有人要求你為他或她擔心的事情禱告時，問對方：「我現在可以為你禱告嗎？」你甚至可以在電話對話中進行禱告。
- □ 當有人問：「為甚麼神容許這樣的事情發生？」跟進這問題。你毋須提供正確答案，只有神知道正確的答案。追問你朋友的感受，以及那事怎樣影響她與神的關係。

但我沒有時間！

喬恩（Jon）看著自己那天的任務，知道那是不可能完成的。縮減人手令護理人員的數目減少至危險的程度。在早班時，埃爾西．莫理斯（Elsie Morris）抓著喬恩的手哀歎說：「我昨晚完全沒有睡覺。那痛楚實在太可怕！為甚麼神容許我這樣受苦？」喬恩在心裏抱怨，嘗試繼續工作。他向埃爾西保證，他會盡快給她打止痛針，也會問醫生能否增加止痛藥的份量。

喬恩一開始走向大堂，埃爾西的召喚燈又亮起來。他走回病房看她怎樣。埃爾西提出要求：「我的針呢？」然後繼續說：「護士不再替病人抹身嗎？你至少可以拿盆和毛巾給我吧！」喬恩知道三二五號房的靜脈注射不夠，還有三個召喚燈也亮了起來。喬恩向埃爾西保證，他沒有忘記她，會盡快回來。

喬恩轉身離開時，留意到埃爾西牀上有一本打開了的聖經。他停下來，坐在牀邊的椅子上，溫柔地說：「我留意到你打開了聖經。有沒有哪段經文對你特別有意義？」

埃爾西看著自己的聖經，慢慢地搖著頭回答說：「讀經對我一直都很重要，但我現在似乎不能集中精神了。」

喬恩記起自己患病時有一段經文對自己說話，他於是拿起埃爾西的聖經，提議高聲地讀給她聽：

> 他誠然擔當我們的憂患，背負我們的痛苦；我們卻以為他受責罰，被神擊打苦待了。哪知他為我們的過犯受害，為我們的罪孽壓傷。因他受的刑罰，我們得平安；因他受的鞭傷，我們得醫治。
> （賽五十三 4～5）

喬恩說：「你知道嗎？神明白你的感受。祂自己也經歷過。」

埃爾西沉思了一會，說：「我從沒有這樣想過。我猜祂是明白的，但我只顧向祂發怒，沒有發覺這點。」

喬恩問埃爾西自己能否為她禱告。埃爾西面露喜色地回答：「啊，**好呀**！」喬恩問埃爾西有沒有特別要求，埃爾西深思地回答說：「唔，請祈求我可以活到我女兒下個月舉行婚禮的時候。」

喬恩溫柔地將手放在埃爾西手臂上禱告說：「親愛的主，我們知道祢明白埃爾西正在經歷甚麼，也知道祢掌管一切。祢知道女兒的婚禮對她是多麼的重要，我們祈求她不單可以活到女兒婚禮舉行的時候，更可以在那時沒有痛楚，充滿活力。我們祈求祢醫治埃爾西，讓她親近祢。幫助她明白祢的愛和同在。消除她的痛楚。將祢的平安賜給她。奉耶穌的名，阿門。」

喬恩禱告時埃爾西明顯放鬆了。到喬恩拿著止痛藥回來時，埃爾西已經熟睡了。

很多護士都以自己沒有時間提供屬靈關顧作為藉口。相比繁忙的醫院，即使在壓力較少的環境下，我們都傾向認為自己實在太忙，不能花很多時間探討別人的屬靈需要。不過，正如埃爾西這個例子，便清楚地表明了，長遠來說屬靈關顧可以節省時間。如果背後的問題關乎靈性，醫藥、手術或甚至精神科的照顧都不會好像屬靈需要得到恰當的滿足時那麼有效。

時間因素只是優先次序的問題。我們社會的教導令我們相信，身體的需要是最重要的，接著才是情感和社會需要。如果還有剩餘的時間，我們才轉向屬靈需要，但有剩餘時間的情況卻相當罕見。耶穌在登山寶訓中將這套優先次序顛倒過來。祂教導說：「所以，不要憂慮說，吃甚麼？喝甚麼？穿甚麼？這都是外邦人所求的。你們需用的這一切東西，你們的天父是知道的。你們要

先求他的國和他的義，這些東西都要加給你們了。」（太六 31 ～ 33）

在忙碌的日程中怎樣撥出時間來進行屬靈關顧？

- □ 把與神的關係放在你生命中的首位。早點起牀，用一點優質的時間與主一起，禱告、默想和讀經。或者在白天找一段不會受到騷擾的時間這樣做。你要確信這段時間是重要的——在禱告中確定自己對神的委身。你不能將自己沒有的東西提供給別人。
- □ 為你照顧的對象制訂計劃時，將屬靈需要作為計劃最重要的部分。
- □ 當你評估出對方的屬靈需要時，便需要跟進它。
- □ 當發覺自己在想「**我沒有時間這樣做**」時，停下來，為神想你怎樣運用你的時間而禱告。

我不知道怎樣做！

內奧米（Naomi）在自己成長的教會開始擔任教會護士這個新角色。雖然她已經做了二十年護士，在開始新工作前也修讀了教會護士預備課程，但第一次家訪時，她仍然感到緊張。不過，瓦奧萊特．瓊斯（Violet Jones）很快令她放鬆下來。瓦奧萊特在接受腹部手術後，最近才剛出院。她是獨居的。內奧米很快地評估瓦奧萊特的身體狀況，並問及她在飲食、交通和日常生活的其他活動得到甚麼支援。接著她開始聆聽瓦奧萊特講述她患病和住院的故事。時間過得很快，內奧米起來告辭。

瓦奧萊特呼喊說：「噢，我又將眼鏡放錯地方了，你可以幫我找嗎？」內奧米遍尋不獲。最後瓦奧萊特繼續說：「我想我把它留在醫院了，其實我真正懷念的是每天讀聖經。你可以讀給我聽嗎？」

內奧米找到瓦奧萊特那本殘舊的聖經和靈修指引，讀出那天的經文。她閱讀時瓦奧萊特微笑點頭，然後突然帶著權威的口吻說：「現在我們禱告吧。你先開始。」

內奧米呆了。她在基督教家庭長大，年幼時與父母一起禱告，但她不知道怎樣與瓦奧萊特一起禱告，也不知道應該為甚麼事情禱告。她開始以主禱文禱告。但瓦奧萊特不滿意，她強調說：「你需要當神是你的朋友那樣與祂談話，而不是靠記憶背誦！」接著內奧米沉默了很久。她知道瓦奧萊特期望她繼續，於是緊張地補充說：「主啊，求祢祝福瓦奧萊特，讓她康復。」

即使那些在小組或與朋友一起時能夠自在地禱告的基督徒，在身為關顧者的環境下禱告或分享屬靈的事物時，也可能感到不自在。我曾經與四個基督徒護士在同一組工作。他們無拘無束地談論教會活動和查經小組，但沒有一個對提供屬靈關顧感到自在。最後休（Sue）要求我教導他們怎樣做，她的丈夫是牧師。我們連續幾次在下班後相聚一會，討論屬靈關顧的基本原則。

休的「大考」在她清理一條氣管切開插管（tracheostomy tube）時來到。那個十分緊張的病人不斷嗆塞，將暢通的插管從氣管切口中吹出來。插管第三次被吹到牀單時，它彷彿突然消失了。病人開始喘氣。休感到驚慌。接著她鎮靜下來，堅定地說：「我們需要為這事禱告！」她在牀邊高聲祈求引導。病人放鬆下來，那插管突然在她雙膝間的牀單上出現。休充滿信心地更換插管，由於病人現在放鬆了，插管很容易地滑到適當的位置。她勝利地從病房走出來，讚歎神的介入。她笑著對我說：「我不知道為甚麼我沒有在多年前便開始這樣做！」

甚至牧者也可能不知道怎樣提供敏銳、有效的屬靈關顧。我曾經在一間醫院工作，那裏的院牧因為自己每天都探訪每個病人而感到自豪。他會站在門口，喃喃說出一個人們聽不清楚的禱告，然後走到另一個房間，甚至沒有個別與房間中的人打招呼。新病人往往問我：「他在做甚麼？」他們得不到安慰。

在健康護理的環境下提供屬靈關顧，涉及將崇拜羣體擴展到景況困難的人。疾病改變一個人在那羣體中的地位，這往往令病人和教會會友都不肯定應該怎樣維持大家的關係。例如：保羅．哈理斯（Paul Harris）牧師中風癱瘓，智力也有缺陷。他以前教會的朋友到護理院探望他時，他往往叫錯他們的名字，當他們告訴他一些他們以為他會感到高興的消息時，他卻哭起來。他們以為自己的到訪令他不開心，於是不再來。甚至地區的神職人員最終也不來了。他以前的同事在他身邊也感到不自在。他們不知道應該說甚麼或做甚麼。

屬靈關顧並不會自然產生。即使衝破了情感障礙，能夠討論屬靈關注後，大部分人——包括專業的健康護理人員和神職人員——都不知道怎樣進行。這種知識的基礎要求，不單是基本上掌握基督教教義，以及明白輔導技巧，更要將兩者綜合起來。在人生關鍵的處境中提供屬靈關顧，要求我們將崇拜羣體擴展到那些不能全面參與正常教會生活的人，以及顯示在一生中信仰與健康的聯繫。

提供憐憫的同在，表示要學習細心地聆聽和作出有建設性的回應，這與我們相信神是甚麼是一致的。屬靈支持涉及恰當的禱告和分享聖經，以及提供進一步的資源，例如書刊、音樂和觸摸。在屬靈上關顧別人，也涉及幫助他們考慮另類療法，以及這些療法在靈性層面上是否安全和有效。

以下幾章會就怎樣有效地提供屬靈關顧，給你一些實際指引。不過，「書本的學習」只是第一步。技巧來自實踐。你愈快開始投身其中，這些技巧便愈快成為你關顧關係中自然的部分。

有幾個策略可以令這步驟變得更容易：

1. 至少找一個朋友或同事與你一起閱讀這本書。討論你學到甚麼，彼此練習。使用屬靈評估，一起禱告，一起研究聖經，討論怎樣將聖經應用到特定的情況。
2. 你也可以考慮開展一個小組，一起閱讀這本書。然後在開始將學到的東西應用到關顧的事奉時，繼續以這小組作為支援小組。
3. 尋找師傅——一個在屬靈關顧方面已經有經驗的人，讓你可以以他作為榜樣，他也可以在學習過程中引導和支持你。
4. 有一些有用的工具，可以幫助你檢視你在屬靈關顧上的互動，包括寫札記、寫下完整的對話內容或個案研究，以及與導師或支援小組討論你寫下的東西。
5. 不要害怕開始。聖靈應許賜給我們正確的話語（可十三 11），並會成為我們的保惠師（約十四 16 ～ 17）。屬靈關顧令人興奮的地方是看見神在工作，因為最終不是我們，而是神滿足屬靈的需要。一旦你開始了，它便會成為歷險，讓你經歷信心，並看見神極大的愛和充足。

第二部分

實踐屬靈關顧

4

崇拜羣體

赫布・雅各布斯（Herb Jacobs）長期在教會的執事會和詩班事奉。他在車禍中折斷了幾條肋骨後，教會立即行動起來。在他留院期間，以及出院回家後的幾個星期，牧師和其他執事經常探望他。教會會友給他帶鮮花、食物、舊輪椅和其他赫布所需的醫療設備。他的信箱塞滿慰問卡。他似乎康復得很好，幾個月後，整個教會都慶祝赫布能恢復參加主日早上的崇拜。

但赫布仍然要坐輪椅，在詩班開始唱序曲時，他感到很失落，因他十分想參加詩班。即使他能夠參加星期三晚的練詩，但走上詩班席的樓梯，對他來說也是巨大的挑戰。他去任何地方都需要付出很大的努力。赫布和他太太埃米利（Emily）一星期最多只能夠外出一次。兩個執事主動提出駕車載赫布出席每月的執事會會議，但他們試過一次後便感到洩氣。赫布重達二百八十五磅，坐上輪椅時需要別人幫助。一個執事在第一次嘗試時扭傷了背部。他們害怕弄傷赫布或自己。

最終赫布完全停止上教會。埃米利不喜歡自己一個參加崇拜，因此留在家裏陪伴赫布，看電視的崇拜節目。由於赫布在受傷後仍參加過崇拜，大部分會友認為他並非真的不能外出，因此慰問卡、探訪和主動提出支援的做法都停止了。赫布和埃米利漸漸從教會生活中消失。

不過，詩班懷念赫布，想他加入他們的團契。聖誕節時，他們一起探訪他，帶同茶點舉行即興的慶祝會，一同唱聖誕歌。赫布和詩班都因為一起的時間而感到十分高興。第二年的聖誕，他們再次到訪——但赫布的情況轉差。因為在跟進之前的治療的矯正手術，令他腦部栓塞而中風，引致他癱瘓和不能說話。現在的赫布跟以往的他判若兩人。大部分詩班員和他一起時，都感到不自在。他們決定不再維持這個傳統。

聯繫中止

疾病改變一個人在崇拜羣體中的地位。人們不再能夠參加崇拜和教會的活動時，可以很快變得孤立，不再接觸其餘的會眾。哥林多前書十二章提醒我們，我們是一個**身體**，需要照顧較軟弱的部分：

> 眼不能對手說：「我用不著你」；頭也不能對腳說：「我用不著你。」不但如此，身上肢體人以為軟弱的，更是不可少的。身上肢體，我們看為不體面的，越發給他加上體面；不俊美的，越發得著俊美。我們俊美的肢體，自然用不著裝飾；但神配搭這身子，把加倍的體面給那有缺欠的肢體，免得身上分門別類，總要肢體彼此相顧。若一個肢體受苦，所有的肢體就一同受苦；若一個肢體得榮耀，所有的肢體就一同快樂。（林前十二21～26）

赫布的教會可以有甚麼實際的方法接觸他，將他包括在羣體中，並給他加倍的榮譽？複雜、艱辛地將他移到輪椅，帶著沉重的設備，以及赫布參加崇拜所需的體力，都很可能令他不能定期參加崇拜——即使有教會其他人幫忙。不過，教會可以到赫布家裏。

詩班的努力是可貴的，但一年一度的詩班慶祝會與定期崇拜並不相同。很多教會都將他們的崇拜錄音或錄影，訓練一些義工為不能外出的人送遞錄音帶或錄影帶，讓他們可以滿足探訪對象的屬靈需要。有些義工可以與他們探訪的家庭一起看錄影帶，一起唱聖詩（要記得帶聖詩集或歌紙），甚至提供聖餐。有些義工則留下來談一會兒話，為他們禱告，問他們需要甚麼幫助，過幾天回去取回錄影帶，順道再次探訪他們。

或許執事會也可以到赫布那裏，在他仍然擔任執事時，將舉行會議的地點改在他家裏。

一些不能外出的會友仍然可以透過電話參與教會的日常生活。我朋友瑪格麗特（Margaret）是一個我喜歡的例子。她是婦女查經小組的忠心成員，在患了重病因而不能外出後，十分懷念那種團契生活。一天，牧師提議瑪格麗特可以負責打電話給招待、歡迎來賓的人、讀經的人和其他義工，提醒各人他們那星期的職責。長達三年，每次我在主日早上有事情要負責時，都接到瑪格麗特的電話，聽到她愉快地問：「最近怎樣？」她一直積極參與教會的日常生活，直到去世。

要信仰有活力，團契是不可或缺的。我曾經聽過一個很好的例子，它説明了這真理。一個牧師探訪一個脾氣暴躁的老會友，他堅持自己在邊遠的地區，比在教會和所有偽君子坐在一起，能夠更好地敬拜神。牧師看著火爐中燒著的煤塊，想了一會。接著他慢慢拿起火鉗，將一塊煤夾起來，放在壁爐邊。兩人看著那塊煤變冷和變為灰色，牧師一直不發一言。第二個星期，那老人家回到教會。

希伯來書這樣說：

> 也要堅守我們所承認的指望，不至搖動，因為那應許我們的是信實的。又要彼此相顧，激發愛心，勉勵行善。你們不可停止聚會，好像那些停止慣了的人，倒要彼此勸勉，既知道那日子臨近，就更當如此。（來十 23～25）

不過，單純將人們的軀體聯繫到崇拜羣體，可能並不足夠。在不太差的情況下，人們可能不會受軀體的阻礙，而不參加教會的活動。但他們卻會在情感和靈性方面與那些似乎健康和沒有困難的人分開。教會是需要「與喜樂的人要同樂；與哀哭的人要同哭」（羅十二 15）。為了這樣做，我們需要培養技巧，辨別出誰在喜樂，誰在哀哭。

艾麗斯（Alice）來找教會的護士卡麗（Carrie）量度血壓。卡麗留意到艾麗斯是第一次來找她，於是問艾麗斯有沒有特別的事情令她想到這裏來。艾麗斯似乎為這說話的機會感到欣慰。她開始說：「我感到不能夠和任何人談論這件事，但醫生說我有糖尿病，這可能會影響我的血壓、心臟和腎臟——我甚至可能會盲。我很**害怕**！」

卡麗細心聆聽艾麗斯的說話，並要求她進一步解釋。艾麗斯講述自己感到多麼孤單。她努力依從糖尿病餐單，已經減了十五磅，但她丈夫卻在抱怨，說喜歡她豐滿的樣子。他不斷用雪糕和薯片引誘她。她朋友說她減肥後一臉病容，她現在的衣服都顯得太大。最初她要求教會為她代禱，但很多人問她一些尷尬、侵犯私隱的問題，令她要求教會從代禱名單中刪去她的名字。現在她只靠節制飲食來控制血糖，因此她的朋友和家人認為她已經痊愈。最後她斷定她只能夠獨自打這場仗，但這卻是痛苦的決定。

在卡麗提議下，艾麗斯開始參加教會每月一次的醫治聚會。她有機會在較細小、更親密的崇拜中禱告，幫助她將恐懼交給主。她不單有力量維持那用來應付糖尿病的飲食習慣，也開始教主日學，在教會做不同的義務工作。她整個人的情緒都戲劇性地改變了。

巴理（Barry）也默默地承受著苦痛。他是一個要求很高的行政人員，習慣在任何情況下都控制一切，但卻被診斷患了前列腺癌（prostate cancer）。雖然他穩定地參加教會，但他一直都不覺得自己在任何事上需要倚靠神或其他人。現在他突然感到無助、恐懼和羞恥，但他不知道怎樣與人接觸。他現在才轉向神，會顯得虛偽。不過，當主日崇拜的代禱名單上出現他的名字時，他當眾哭了起來。

在我們的文化中，事事都驅使我們變得自足和獨立。傳媒、健康護理、教育機構、我們照顧孩子的方法，以及我們共同的道德價值觀，都視**自主**為成熟的主要目標和基本的人權。不過，只有在我們健康、年青、富裕和相對聰明時，這個標準才管用。大部分倫理學家會以自主、善行、非惡行和公義作為道德行為無可爭議的標準。但聖經描繪的圖畫卻完全不同。

耶穌的生命和教導，明顯地反映出舊約的希伯來羣體，而 *shalom*（平安）是他們主要的價值觀。我們在第一章簡單地提到這個觀念，但它值得我們進一步探討。*Shalom* 體現在以神為中心的羣體中，人們彼此以忠實、誠信、互相尊重和愛交往。它包括和平、興盛、安息、安全、保障、公義、快樂、健康、幸福和生命的整全。羣體中的個人透過 *ṣeḏeq*（希伯來語的公義），達致 *shalom*。

雖然這公義被納入了摩西的律法，並在十誡中得到概括，但它不單是法律標準。*Ṣeḏeq*本質上是任何促成 *shalom* 的行動。對希伯來羣體來說，公義總聯繫到釋放、拯救和挽回。公義的人是經歷神挽回和釋放的人，不一定只跟從規則。在這個處境下，耶穌以「關係」來總結律法，也就是神對公義的標準：「你要盡心、盡性、盡意愛主——你的神。這是誡命中的第一，且是最大的。其次也相倣，就是要愛人如己。」（太二十二37～39）

從這個角度檢視新約，讓我們看見教會在世上應該怎樣發揮功用。耶穌告訴門徒：「你們若有彼此相愛的心，眾人因此就認出你們是我的門徒了。」（約十三35）這愛在整本新約都表明出來。它包括在疾病、逆境、人際衝突、道德缺失和人類一切脆弱中彼此教導、醫治和照顧。新約從沒有將教會呈現為完美的團體，相反，它是一個掙扎的羣體。它的特徵是委身於基督，也彼此委身，而且深深地渴望傳揚救恩的好消息。

教會怎樣表達關心

如果我們要以 *shalom* 為首要目標，在今天的文化中，教會應該是怎樣的？首先，我們需要重整我們的價值觀——看重彼此和彼此作為羣體的共同生活，多於追求個人的權力、聲望、財富和財產。第二，我們需要脱下獨立和自足的面具，在軟弱中彼此開放，彼此支持。第三，我們會開始留意教會羣體中軟弱和痛苦的人，以愛關心他們。最後，我們會帶著愛接觸外面的羣體。讓我們考慮一些可以帶來這些改變的實際方法。

1. **重整我們的價值觀**。「我想幫助別人，可惜我現在忙得很！」有多少次，你聽過人們用這作為藉口不參與某個事奉機會？你自己用過這個藉口多少次？我們是那麼專注於我們所做的重要事情，以致很少花時間抽身出來，問神我們應該怎樣投資我們的時間和金錢。沒有人可以甚麼都做。人們不斷用一句口號轟炸我們：「你要學會怎樣説**不**！」不過，身為基督徒，我們首要關注的應該是在甚麼時候説「**好的**」。如果我們定期花時間禱告、默想和讀經，也定期作比較長時間的退修，我們便更可能在眾多機會中理出個頭緒，尋求神的引導。

例如：艾琳（Irene）對將來感到憂心忡忡。她是四十多歲的單身女性，她感到需要小心為退休作準備，因為沒有其他人會照顧她。她工作時間很長，經常要出差，而且她討厭自己的工作。但由於待遇和福利都很好，她似乎不應該放棄這工作。雖然她在沒有出差時忠心地參加崇拜，但她卻很少時間參與其他教會活動或事奉。不斷的升職提高了她的自信，但卻令她的私人時間愈來愈少。後來她父親突然死於心臟病，不久她母親又被診斷出患上腦退化症（Alzheimer's disease）。當艾琳發覺母親明顯不能在家裏照顧自己時，她便回到父母家裏居住兩星期，評估一下情況。她在那一區搜集護老院的資料，也花很多時間閱讀關於腦退化症的文獻，讀經和祈禱，並重新與老朋友和以前的教會羣體聯絡。

在這樣的環境下，艾琳有時間反省，發覺自己的價值觀開始改變。她發覺自己一直沒有信任神會供應她的需要。因為這樣，她忽略了家人和朋友的需要。她決定走出信心的一步——辭去工作，搬到母親那裏去照顧她。最終她在教會建立了一個腦退化症支援小組。那小組後來發展成她那個都會區的支援小組網絡。艾琳的母親在四年後去世，她協助腦退化症患者家人的工作，更變成全時間的事奉。雖然這工作的待遇與她身居要職時相比要低得多，但它的回報卻是很大的，她知道神會照顧她的需要。

艾琳的決定可能顯得極端。很明顯，我們不能都辭去工作照顧年老的父母，更不要說全時間事奉。不過，我們可以以她為學習榜樣，尋求神對我們的生命，以及對祂所給予我們的時間有甚麼指引，讓我們可以為*shalom*而努力。

2. **重整我們的生命：有導引的個人退修**。就整理我們的價值觀和優先次序，先知耶利米給我們一些清晰的指引。找一天獨自到一個安靜的地方，尋求主對你生命的帶領。退修至少要花四小時。要帶聖經、聖詩集、紙筆和午餐。開始時將時間交給主。唱一兩首詩歌。然後閱讀耶利米書二十九章 1 至 14 節，這信息是給被擄到巴比倫的百姓的。接著根據以下的建議默想 10 至 14 節。

「耶和華如此說：為巴比倫所定的七十年滿了以後，我要眷顧你們，向你們成就我的恩言，使你們仍回此地。」(耶二十九 10) 你在哪些方面認為自己「被擄」? 工作中的困境？家庭或關係方面的問題？身體的限制？壞習慣或上癮的行為？閱讀詩篇一百三十七篇。容許自己感受那裏所表達的情緒。讓主顯示你生命中有罪的地方，帶領你悔改。閱讀羅馬書七章 4 至 6 節，默想神怎樣成就祂對你仁慈的應許。為此感謝祂。

「耶和華說：我知道我向你們所懷的意念是賜平安的意念，不是降災禍的意念，要叫你們末後有指望。」(耶二十九 11) 讀以賽亞書三十章 1 至 22 節和五十五章。慢慢默想每一節，思想神對你的計劃，與你自己的價值觀和目標之間的對比。閱讀箴言三章 5 至 8 節。請求神指引你。神不會顯明整個將來，但祂會讓我們看到下一步。

「你們要呼求我，禱告我，我就應允你們。」(耶二十九 12) 想像耶穌與你坐在一起，甚至握著你的手。將你的一切恐懼和擔心都告訴祂。為你生命中那些需要神的愛和指引的人禱告，包括朋友、家人、基督徒領袖、宣教士、政府和護理界的領袖。閱讀馬太福音六章 5 至 15 節、羅馬書八章 26 至 27 節、提摩太前書二章 1 至 8 節。耶穌聆聽了你說話後，你也安靜下來聆聽祂。

「你們尋求我，若專心尋求我，就必尋見。」(耶二十九 13) 現在想像耶穌坐在寶座上。閱讀以賽亞書六章 1 至 8 節，然後閱讀五十七章 15 節。讚美祂的全能和祂對你個人的關心。默想神的品格和屬性。懷著禱告的心閱讀約翰福音一章 1 節、八章 12 節、十章 14 節、十一章 25 節、十四章 25 至 26 節、十六章 7 至 15 節、歌羅西書一章 15 至 20 節、提摩太前書一章 17 節、希伯來書一章 1 至 4 節、約翰一書四章 15 至 21 節。肯定你對主和祂百姓的愛和委身。因為主是主而讚美祂。

「耶和華說：我必被你們尋見，我也必使你們被擄的人歸回，將你們從各國中和我所趕你們到的各處招聚了來，又將你們帶回我使你們被擄掠離開的地方。這是耶和華說的。」（耶二十九 14）閱讀馬太福音七章 7 至 8 節。為所有與你「被擄」有關，或受你「被擄」影響的人禱告 —— 不講道理的經理，很難相處的同事，下屬、朋友、家人、病人、教會的弟兄姊妹。想像神帶你進入的「地方」。請求祂帶領你朝那裏走。閱讀以賽亞書六十章 1 至 3 節和六十一章 1 至 3 節。感謝神的拯救（以及具體來說這是甚麼意思）。

3. **脫下我們的面具**。對於「教會領袖應該首先管理好自己的家庭，才能夠領導教會」這個聖經命令，布魯斯和梅利莎．湯普金斯（Bruce and Melissa Tompkins）都十分重視。布魯斯牧養自己的教會已經十五年，他為自己對家庭的重視而感到自豪。他十多歲的孩子學業成績優異，運動表現也出眾，而且積極投入教會的青少年小組，與成年人也相處融洽。一天晚上，他們十七歲的兒子布賴恩（Brian）因為酒後駕駛而被捕，警察更在他的汽車上發現大麻。突然間，他們一家的生活變得一團糟。

第二晚，布魯斯出席教會執事會的每月例會。他知道執事很快會從別人口中聽到布賴恩被捕的消息。雖然他感到十分尷尬，但還是鼓起勇氣，決定將真相告訴大家。執事沒有像他預期那樣，為這事感到憤怒或責備他；而是逐一坦承分享他們對自己處於青春期的子女的行為感到羞愧。其中幾個執事也有類似的掙扎。接著的一天，一個執事打電話給梅利莎說：「我需要找人談一談。布魯斯昨晚向我們透露那個問題後，我知道你會明白我的處境。我們的馬克（Mark）已經吸毒幾個月了。我們不知道應該向誰求助。這是不能在教會談論的事情！」

這是不能在教會談論的事情！這是多麼可悲。基督徒羣體**應該**是我們可以談及自己最擔心的事情，找尋幫助的地方；但對大部分基督徒來說，事實卻不是這樣。我們為了能戴上面具，而離開了那取得支持和力量的最重要源頭。教會應該是罪人的醫院，而不是聖人的展覽館。我們需要修改我們對公義的理解。我們必須成為一個羣體，在這羣體中我們知道我們是蒙拯救、挽回和赦免的人，而不是我們在別人眼中顯得完美。然後我們才能夠以愛接觸別人。

4. **接觸有需要的人**。耶穌呼召我們不單服事教會，也服事更大的羣體。在我們教會身處的地區，與教會沒有聯繫的人，比已經有團契的人可能更孤單和更有需要。為要將屬靈關顧擴展到更大的社區，我們可以透過舉行以健康為主題的遊藝會，開放給公眾；可以探訪由朋友和親戚轉介的，因著種種原因而不能外出的人；或者在本地報章刊登支援小組的廣告；為退休羣體和護理機構提供崇拜；又或者在主日下午或其他時間提供治療服務。

我們可以怎樣開始成為關懷、見證的羣體？很多教會快速行動，嘗試它們發現的任何創新計劃。這些計劃往往失敗，因為它們不適合那些特定的羣體，或因缺乏合資格的領袖，又或沒有足夠的訓練。有些教會已經有很多計劃在進行中，以致任何新計劃都需要爭奪領袖和服務對象的時間。

正如我們需要評估個別人士的屬靈需要，在開始任何新做法前，先評估教會的資源和需要也是十分重要的。評估的次序也十分重要。如果由需要開始，可能因為任務的巨大而被嚇怕，也可能重複已經有的事工。所以，要由已經有的資源和計劃開始評估。你可能會驚訝地發現，教會已經做了很多事情去接觸特別需要支持的人。這些事奉往往是隱藏的，只能夠靠口傳或閱讀每月通訊內一些不起眼的內容才能夠發現。

評估教會的資源

1. 教會已經有甚麼關於健康和關顧的事工（治療服務、牧養探訪、支援小組、教導、輔導、義工服務）？與牧者、教會祕書、執事會成員、執事、委員會主席，甚至可能沒有正式職位，卻似乎活躍的義工傾談。
2. 現時誰正在提供這些服務？已經有甚麼提供支援、教育和強化的措施？
3. 接觸教會的註冊護士，找出他們的教育背景、經驗和了解他們能否為教會服務。我們的教會保存了一份名單，上面有正在地區醫院工作的護士的資料，如果有會友在那些醫院留醫，教會便會通知有關護士。很多人在護理人員中看見熟悉的臉孔時，都會感到放心，特別如果他們是第一次在醫院留醫。
4. 找出教會其他可能樂意參與並能夠提供幫助的人，

包括醫生、持牌實習護士、認可護理員、物理治療師、營養師、輔導員和其他自發地接觸及關顧別人的會友。

5. 你教會的圖書館提供甚麼資源？找尋與信仰和健康、婚姻、離婚善後、兒童發展、教養孩子、抑鬱症、壓力、濫用藥物等有關的書籍。
6. 你的宗派和友好組織提供甚麼資源？其他教會有很多書籍、講義、會議、訓練計劃、支援小組和人際網絡，都是圍繞類似課題的。
7. 在附近的其他宗派教會又提供甚麼？你可以與它們聯繫，服事更大的羣體嗎？
8. 本地的醫院提供甚麼社區服務（免費檢驗血糖、膽固醇、皮膚癌、胃出血；教育計劃；為教會護士提供教育和合作機會；支援小組、庇護所、輔導、緊急服務）？

有甚麼需要？

在你調查過有甚麼資源，檢視過有甚麼需要之後，你便可以著手觀察幾個人，與他們交談。由主日學教師和教會領袖開始。你也可以設計一份簡短問卷，請一個羣體（例如成人主日學班級）填寫，作為樣本。評估時要包括以下幾方面：

1. 健康教育／推展：全教會關於身體、情緒和屬靈健康的資料（關於自我照顧、飲食習慣、運動、壓力、預防疾病措施等的資料）。
2. 諮詢／輔導：個別的教導和支持（進行家訪，到醫院或長期護理機構探望會友，在會友出院後跟進，教導和支援照顧病人的家人，提供合適的社區轉介）。

3. 義工服務：組織及協調小組和特定的事工（祈禱事工、家訪義工、支援小組、為病人提供飲食）。

制訂計劃

由小開始，但不要獨自承擔所有工作。要記得教會是有很多部分的身體，是需要所有部分一起努力工作的。找幾個與你有共同異象的人。一起思考你們可以怎樣滿足一些被忽略了的需要。你們不能完全應付這些需要。將你提議的計劃與你的資源對照一下。例如：你可能想開展教會的護士義工計劃、減肥支援小組、為不方便外出的人提供家訪，或者開辦教導子女的課程——但不要在同一時間一齊做這些事情。

制訂一個使命宣言（你的主要目的），並寫下你的目標（你計劃怎樣實現目的）。考慮實行目標時所需要的一切，包括財政預算。還有訓練課程和材料、設備、會議、存放物資的空間、宣傳、記錄保存、法律問題和責任保險等。決定由誰負責計劃的每一方面。

與牧師和合適的教會領袖會面，徵詢他們的意見，並取得他們的批准和支持。然後開始招募參加者。他們通常對能夠在哪裏找到最好的回應，有很好的見解，而且他們往往有另一個優點，就是過去曾經參加過這種計劃。雖然聽到「以前試過，但沒有效」，這可以不是反對再嘗試的決定性論據，但過往的經驗可能顯示出有些陷阱需要我們提防的。現在你已經準備好開始了。

5

憐憫的同在

露莎莉（Rosalie）感到自己有責任探望教會內每一個在醫院留醫的會友。最初，牧師欣賞她的忠心和關心，但後來牧師開始收到一些負面的報告。瑪麗（Mary）向牧師透露：「我知道露莎莉是好意的，但每次她探訪後，我都覺得更糟。她將自己所有的健康問題，以前做過甚麼手術都告訴我，又提醒我，我可能出現甚麼併發症。請你不要再讓她來！」

懷著憐憫與別人同在，不單是在人們患病時在病牀邊出現。我們需要個人地與對方交往，是人對人，沒有其他東西支持。這是**與**別人**一起**，而不是**為**別人**做事**。那涉及細心地聆聽受苦的人，恰當地回應他們的擔心。要這樣做，我們必須開放自己，獻身予對方，而不是沒完沒了地談自己的意見和經驗。這需要謙卑——承認我們不知道所有答案——而不是以權威的身分來到。這任務並不簡單，因為它要求我們專注於對方，而這可能令我們感到筋疲力盡。

積極地聆聽、同情、開放、謙卑和獻身，都是我們必須透過信心、教育和實踐而學習到的基本技巧。耶穌在自己的事奉中表現出所有這些技巧，正如福音書記載那樣。保羅用實際的話總結這些特性：「與喜樂的人要同樂；與哀哭的人要同哭。要彼此同心；不要志氣高大，倒要俯就卑微的人。不要自以為聰明。」（羅十二 15～16）

能夠懷著憐憫與別人同在，是源於我們對神的信心。要培養關心地與人同在的能力，第一步是維持有力的靈修生活，讓自己能夠與有屬靈需要的人分享。聖靈透過我們工作，帶給別人安慰和力量，但我們要讓路，容許祂透過我們工作。我們不斷受到試探，**要說一些話**，或者對困難的問題提供標準的答案。背誦羅馬書八章 28 節（「我們曉得萬事都互相效力，叫愛神的人得益處，就是按他旨意被召的人」），或告訴別人，他們的困難是因為他們生命中的罪引起，對別人根本沒有幫助。我們的角色是為神搭建舞台，讓祂在人們的生命中工作，而不是解決問題。

信心預備我們服事別人，但我們也需要學習特定的技巧，包括積極聆聽、同情、開放、謙卑和獻身。而且，這些技巧需要經過練習，才能夠運用自如。開始時提到的教會探訪員羅莎莉，她有的是信心，但卻缺乏技巧，不能在別人受苦時支持他們。

聆聽

聆聽是習得的技巧。它涉及不單聽到和明白別人說甚麼，也聽到和明白他們不敢說的話。細心的聆聽令你能夠明白，在別人有聲無聲的溝通背後的一些原因。

有時不自覺的障礙可能令我們選擇性地聆聽——只聆聽我們感到有能力應付的事情。只要我們留意到這些障礙（參圖二），便可以開始加以克服，聽到別人其實在說甚麼。

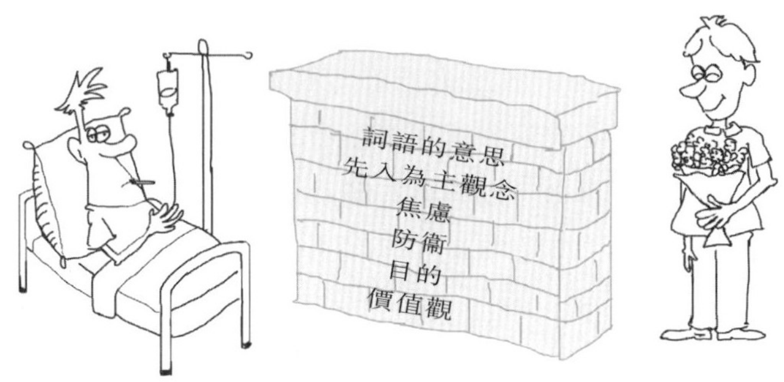

圖二：聆聽的障礙

詞語的意思可能阻礙我們聆聽別人表達的屬靈需要。每個基督教傳統都有獨特的辭彙，用來描述信仰和實踐的重要範疇。例如：那些用來描述個人與神之間的信仰關係的用語可能各有不同。對某些人來說，「接受基督」、「成為信徒」、「得到拯救」、「重生」、「受洗」和「醒覺到在基督裏的新生命」，可能是同義詞。但對其他人來說，只有其中一個說法是可以接受的。**靈性**這個詞本身可以指很多不同的東西。信徒特有的用語可能方便溝通，但你必須肯定別人對某個詞語的理解是和你一樣的。

例如：喬安（Joann）入院接受檢查時，感到孤單和害怕。但當她看到護士胸前掛著一個金色十字架時，便頓感釋然。她略一遲疑，然後問護士是否基督徒。護士回答說：「是呀！我是重生、相信聖經的基督徒；你是嗎？」雖然喬安十分委身於信仰，也花很多時間讀經，護士的用語卻令她想到具操控性的電視傳道人。於是她再次暗地裏感到害怕，不作回應。

先入為主的觀念妨礙我們清楚聆聽別人的說話。影響屬靈關顧最嚴重的先入之見是：認為任何人如果真正認真看待其與神的關係，就必須相信我所相信的，也必須實行我所實行的。

例如：我曾經照顧過一個六十八歲的老人，他說的話包括要我服事他，而且內容夾雜了褻瀆神的話。有一天，我沒有立即回應他的命令，他竟然將尿壺裏的尿潑向我。我很憤怒。自此以後，我盡量避開他。後來，我在翻看他的病歷時，發覺他是退休的神學院教授。從他的行為來看，我很難相信他有這樣的背景。我在心裏嚴厲地論斷他。幾天後，他有同樣的行為時，他太太也在病房中。我看見她眼泛淚光。她跟我走到外面，向我解釋說：「他以前不是這樣的。他是敬畏神的人，但癌細胞擴散到腦部後，他的性格改變了。對不起！」

焦慮也為聆聽帶來障礙。你焦慮時，會專注於自己而不是有需要的人。每當我們面對新情況或學習新技巧時，面對手上任務的焦慮都可能妨礙我們聆聽別人。因此，我們投身於新環境時，可能不會參與滿足別人的屬靈需要。但一旦對自己和環境感到放鬆，我們便能夠聆聽別人表達的焦慮。

與焦慮緊密相連的是個人**防衛**。別人冒犯我們，或攻擊那些我們十分重視的東西時，我們傾向進行防衛，維護自己和自己的價值觀。例如：如果某人表示對神感到憤怒，你的回應可能是為神辯護，而不是聆聽那人絕望的呼喊。另一個人的挑逗性行為，可能令你避開他，而不是定出界限，留下來聆聽。

雖然為屬靈關顧制訂目標是重要的，但預先確定**目的**也可能為聆聽帶來障礙。例如：教會的探訪員可能到不方便外出的會友家裏，打算播放主日崇拜的錄影帶。他因為想起自己還要探訪另一個會友，所以可能只顧把錄影帶放進錄影機，卻沒有留意對方低聲地說：「我的腳趾開始變黑，醫生說可能要切除它。」

最後，**價值觀**也會妨礙我們開放地聆聽。我們經常遇到價值觀和我們不同的人。對違反了我們的道德標準，並因而受苦的人，我們往往很難給予同情。我們傾向認為那人是罪有應得的。例如：不同意墮胎的護士，可能不能懷著憐憫的心聆聽正在經歷墮胎的婦女那些恐懼和擔心。很多愛滋病人都承受很深的偏見，無論他們是怎樣感染這疾病。

我們都被某些價值觀引導我們的道德行為。這些價值觀源自我們的信念、經驗和環境。如果我們將自己的價值觀強加給別人，我們便不自覺地假設他們的信念、經驗和環境與我們一樣。暫時不下判斷，讓自己可以聆聽別人的傷害、恐懼和擔心，可能會令我們看到，如果我們也受到相同的影響，我們也會有類似的行動。敏銳地聆聽並不是要求我們同意別人的見解，或者贊同違反我們道德價值觀的行為，但卻能夠令我們同情別人。透過同理心，我們可以帶來富創意的改變。

同理心

同理心是一種能力，能夠明白別人的感受，並將那份明白傳達給對方，同時又保持客觀，以致能夠分析情況，提供協助。同理心是同時涉及思想和感情的過程。

這個過程的第一個階段是**評估**——收集關於那人的感受、行為、身體狀況、環境、支持系統等資料。

但只收集資料並不能令我們真正關心對方。例如：貝蒂（Betty）似乎很容易遇到意外。她受傷或接受小手術後，往往很快又遇到另一次意外。在教會一次壘球賽中，教會護士馬蒂．雅各布斯（Marty Jacobs）看見貝蒂將一個汽水瓶摔到大石上，然後立刻徒手拾起碎片。馬蒂吩咐貝蒂停手，然後走進教會找掃帚和垃圾鏟。她回來時，卻發現貝蒂坐著，用紙巾按著手掌一個大傷口。事情發展成這樣，令馬蒂苦惱。她集中精神替貝蒂清洗和包紮傷口，以致幾乎聽不到貝蒂對她說：「我丈夫昨天又走了。我們爭執，他動手打我。」

馬蒂突然間發覺這不是不經意地說出的話。她聽清楚後，心裏感到鬱結，對貝蒂的丈夫韋恩（Wayne）感到惱怒。她向貝蒂的傷口施行壓力止血法，並看著貝蒂說：「告訴我發生了甚麼事。」這時，馬蒂進入同理心過程的第二個階段；她感到**同情**。她由純粹專注於事實和現實的情況，進到感應對方的感受。她也開始感受到貝蒂的痛苦。

在同情階段，我們的回應好像我們就是對方。但如果我們停留在這裏，便可能變得無助，就好像我們嘗試幫助的那個受害人那樣。如果馬蒂停留在同情階段，她可能回應說：「那惡棍！他怎可以又那樣做？你為甚麼不和這無賴離婚？」我們有甚麼內心反應，視乎我們的背景和資源。馬蒂的回應是對韋恩感到憤怒，想報復；但貝蒂仍然愛韋恩，想他回到自己身邊。如果馬蒂按自己的感受回應，貝蒂很可能感到需要為韋恩辯護。相反，馬蒂給貝蒂機會講出自己的真正感受。

在第三個也是最後一個階段——**同理心**，我們把事實和感受放在一起，客觀地檢視它們。這樣做時，便能夠開始明白為甚麼貝蒂有那種感受。這時的焦點回到貝蒂的需要和感受。馬蒂現在可以有效地支持貝蒂，鼓勵她採取有建設性的行動。藉著提供機會，讓貝蒂進一步講述所發生了的事，馬蒂便可以更明白實際情況，引導貝蒂接受自己需要的幫助，處理受配偶虐待的婚姻。

對敏銳、成熟的關顧者來說，同理心這個過程幾乎成了習慣。但在學習階段，我們需要研究不同階段，發現如果我們不能以同理心回應時，那困難是出在哪裏。如果你發覺在面對需要幫助的人時，你仍然保持冷靜漠然，你便要花時間考慮你自己的情感有甚麼障礙，令你不能進入別人擔心的情況。回想你遇到的危機，你有甚麼感受？你當時想得到甚麼幫助？這樣可能有助你更留意別人的感受和需要。

另一方面，如果你發覺關心別人令你苦惱，別人的困難令你沮喪；這樣，你便要集中在評估上。首先，檢視別人的情況在你心裏勾起甚麼回憶和感受。寫下你的思想和感覺。與一個好朋友、牧者或輔導員傾談。接著，找出可以處理困難的資源。花更多時間看客觀的事實。研究有甚麼其他富創意的選擇。閱讀一些書籍，是關於人們怎樣忍受苦難，克服嚴重的殘障，過有意義和豐盛的生活的。這樣你便更能夠超越同情，進展到全面的同理心。

開放

要培養同理心，人需要開放。與別人「一起感受」，令我們自己也有可能經歷那痛苦。以自己作為別人得幫助的資源，極有可能令我們在某個時間被對方拒絕。懷著憐憫與別人同在涉及將我們的力量給予別人，直到他們可以重拾自己的力量。過程中我們可能感到筋疲力盡。開放的關顧者在關顧的關係中回應別人時，不但願意與別人一同喜樂和讚美，而且也願意向別人的拒絕、批評、痛苦開放。

喬斯林·柯林斯（Jocelyn Collins）是開放的好例子。她在與教會有連繫的婦女庇護所當義工。她服事的熱誠源自年青時的經驗。大學時她與男友同居，並被他虐待。她懷孕後，男友逼她墮胎，後來又罵她是無用的蕩婦，而且他使用的暴力也逐漸升級。她最終因擔心自己生命會受到威脅，於是離開男友，向婦女庇護所求助。現在她已婚，有兩個小孩子，搬到一個新社區，參加新的教會，沒有人知道她的過去。

凱（Kay）剛到庇護所時，喬斯林嘗試與她傾談。凱對她破口大罵時，喬斯林心裏感到激盪。「你怎可能明白？你那麼可愛，那麼純真。你——有好丈夫，有溫暖的家！你不會明白身處這樣的景況是怎樣的。」

喬斯林看見牧師的太太就在附近。她真的不想透露自己醜陋的過去，因為她知道自己很可能要從頭解釋一遍，但她也知道需要開放自己。「凱，我明白。十年前我也有類似遭遇，感到很孤單和害怕。」

凱的態度立刻改變過來。她傾訴自己的恐懼、擔心、盼望和夢想——她對男友的愛，對失去他的恐懼，以及對被他虐待時感到的害怕。她哀歎：「你認為我可以捱過這一切嗎？」

喬斯林將手放在凱的肩頭上說：「有神幫助，我**知道**你一定能夠。」她繼續定期探訪凱，只是聆聽她和鼓勵她，直到凱有信心和得到財政上的保障，她可以和孩子搬到另一個州。

容許自己開放，迫使我們承認自己的人性。身為人，我們都**是**脆弱的。我們受到傷害，我們失敗，我們面對死亡的威脅，我們身體和情感都經歷痛苦——我們支持別人之餘也需要別人支持。裝作堅強，會破壞我們的情感健康，在我們和我們想幫助的人之間製造障礙。喬斯林藉著坦承自己的過去，打開了一個服事別人的全新領域，自己同時也不斷得到支持。別人知道你最陰暗的一面，但仍然愛你時，你便毋須害怕被「揭發」。

謙卑

承認我們自己的人性也是謙卑的表現。知道我們只是凡人，就是同時承認我們有限制，也有長處。謙卑令我們避免自以為無所不能和不可或缺的試探。謙卑令我們對別人有足夠的信任，相信他們可以提供我們不擅長的關顧。懷著憐憫與別人同在，可以逐漸變成極大的束縛，最終令關顧者開始感到自己「擁有」對方，這形成當有別人嘗試幫助對方時，關顧者會產生一種怨恨的感覺。這時，我們的同在便不再是懷著憐憫，而是變得具操控性。這樣也妨礙有需要的人從別人那裏接受支持和愛。從屬靈的角度看，謙卑是明白神可以使用另一個人幫助某人，就好像祂使用我一樣。

如關顧者擁有真誠的謙卑，他會期望向需要幫助的人學習。如果我們以為，對於另一個人，我們已經知道所有需要知道的事情，這樣我們便不能懷著憐憫去關顧他。當我們以為自己已經完全明白他時，我們與他的交往只會強化我們之前的結論。因此我們只視對方為智力上的挑戰，而不是需要認識和尊重的人。

謙卑容許我們關顧的對象活出真我。我們關心他們，是因為他們本身的價值，不是因為他們滿足我們或社會的需要。謙卑要求我們給關顧的對象同樣程度的仁慈和諒解，無論對方有甚麼道德標準、社會經濟地位或身體和精神狀況。

謙卑也令我們活出真我。如果我們不虛假，別人看見我們的真面目時，我們也不會感到羞愧，因為我們顯露的形象是真正的自己。我們可以自由地與喜樂的人同樂，與哀哭的人同哭。我們可以深入地與我們關顧的對象交往，並坦白地承認，我們也和他們一樣，只是凡人。

貝弗（Bev）很艱難才學懂謙卑。她獲委派照顧瑪莎（Martha）這個年青的女性愛滋病人。貝弗不喜歡瑪莎，認為她可能會威脅到自己的健康。她盡量少花時間與瑪莎一起，到她的病房時態度也通常比較惡劣。貝弗以為瑪莎是透過注射毒品或性行為感染愛滋病毒，心裏感到瑪莎是罪有應得的。後來瑪莎向貝弗道歉：「很對不起，我為你帶來那麼多麻煩。」然後開始哭起來。貝弗起初只作出草率的回應，但突然——她停了下來。她為自己的態度致歉，然後坐在瑪莎旁邊。

她們開始交談，瑪莎分享自己的故事。她嫁了一個過著雙重生活的男人。她丈夫鮑勃（Bob）是雙性戀者。他一方面維持好丈夫、好父親的形象，同時又偷偷到同性戀酒吧。他從同性戀行為中感染了愛滋病毒，並傳染給瑪莎，然後拋棄她，與一個同性愛人一起。鮑勃也快死於愛滋病。貝弗學懂與瑪莎一同哭泣，一同喜樂；因為她發覺自己其實也可能落入同一景況中。

委身

最後，如果我們要懷著憐憫與人同在，我們就需要有某程度的委身。委身是願意分擔關顧對象的孤單、焦慮、苦難和哀傷。我們懷著憐憫與別人同在時，我們的投入，是向對方傳達很深的委身。我們必須願意在對方需要屬靈支持期間，繼續維持這種程度的關係。

這種委身程度並不簡單，特別是面對擁有長期病患或長期情緒問題的人時。盧（Lou）的太太伊莎貝爾（Isabel）因癌病逝世，他們結婚四十三年。當伊莎貝爾病逝時，教會的人紛紛送食物給盧，也經常到訪。他們期望盧在幾個月後便會脱離哀傷，但他做不到。相反，他變得內向，不再參加教會聚會，也很少外出。他因為神帶走伊莎貝爾而感到憤怒，那憤怒發洩在任何到訪的人身上。教會大部分探訪員都漸漸不再探訪他。

但湯姆（Tom）堅持下去。他一星期探訪盧幾次，和他外出吃午飯，鼓勵他見醫生，也送他去診所。他們很多時都只是安靜地一起。有時湯姆帶文件到盧家裏處理。偶然湯姆會主動為盧禱告，或與他分享一段感動自己的經文，但大部分時間他只是陪伴著盧。最終盧開始傾訴他對神的憤怒、他的孤單，以及他那份深刻的失落感。湯姆聆聽，並繼續維持與盧的友誼。兩年後盧終於從抑鬱裏走出來，他說湯姆救了他的命。

開始屬靈介入後便停止關顧對方，就好像救生員對不懂游泳的人說：「下來吧！很安全的——我會扶著你。」然後在對方嘗試下水時，自己卻去了吃午飯。一個受傷的人如果開始表達屬靈需要，他運用的情感能量可以相當大。他可能需要克服很大的情感障礙，才能夠在這樣深的層面向別人開放自己。如果我們接著拒絕再介入，那人可能不願意再提及自己的屬靈需要，正如不懂游泳的人可能在救生員令他失望後，對水感到畏懼一樣。委身表示長期負責任和憐憫地對待對方。

最終，委身反映了神與我們的關係。我們透過懷著憐憫的同在滿足別人的屬靈需要時，往往是在代表神。我們有沒有委身，可能影響對方怎樣看神的愛。因此，單單懷著憐憫與人同在，並不足以滿足屬靈的需要。我們在屬靈關顧中的目標，是幫助別人與神建立和維持具動態的個人關係。我們的目的是令他們倚靠神而不是我們。要達到這個目的，除了懷著憐憫的同在以外，我們還需要其他資源。禱告、聖經、集體崇拜，以及參與教會的整全生活，都可以將焦點放在神身上，以祂為力量和醫治的真正來源。

界限

克理斯特（Krista）在教會擔任義務護士，但很快便發現自己的時間和耐性都有點應付不來。安娜（Anna）給她的挑戰幾乎到了她的極限。安娜定期來量血壓。她通常說出一連串似乎是無關痛癢的身體毛病，又表示對家人感到害怕和擔心，但卻沒有甚麼實質的事例。最近，每當安娜感到有另一個問題出現，她便會找克理斯特，而且往往是在克理斯特剛照料年幼的子女睡覺後，她的電話便到。克理斯特感到不能兼顧孩子和安娜。

最後，克理斯特告訴安娜，安娜一星期只可以找她一次。她們定了一個大家都感到方便的時間。克理斯特將談話時間限制在十分鐘內，她向安娜解釋說，這樣對兩人都是最好的。這些界限令安娜不會過分依賴克理斯特——也不致將克理斯特逼瘋！

委身表示信守承諾，在事情變得艱難（或令人疲累）時對對方仍不離不棄，但這並非表示放棄所有個人界限。甚至耶穌也不容許周圍的需要消耗祂所有的時間和精力。考慮一下以下在祂的事奉中的這件事：

> 次日早晨，天未亮的時候，耶穌起來，到曠野地方去，在那裏禱告。西門和同伴追了他去，遇見了就對他說：「眾人都找你。」耶穌對他們說：「我們可以往別處去，到鄰近的鄉村，我也好在那裏傳道，因為我是為這事出來的。」於是在加利利全地，進了會堂，傳道，趕鬼。（可一 35～39）

我們可以從耶穌的榜樣歸納出一些重要的原則。首先，祂十分清楚自己的優先次序。祂以自己與父的關係為首要的。在禱告的安靜時間中，祂可以得到力量和事奉的指引。這給祂信心和膽量說不，藉以對最重要的事情說好的。任何時候，如果我們感到在白天裏，沒有時間悠閒地進行個人靈修；這樣，我們便可以頗為肯定，我們承擔了太多責任了。

第二，由於耶穌的觀念來自神，祂的行動不單是基於朋友或有需要的人的要求。耶穌並不醫治所有人；祂的整體目標十分明確，即使面對嚇人的需要，祂也可以繼續完成天父指示祂做的事情。任何關顧事工都可以很快令人筋疲力盡。我們看見的需要總比我們個人能夠滿足的更多。那些需要往往會爭奪我們的時間。有時耶穌將責任分給別人，藉以應付那擔子（路十 1）；有時祂告訴人們，他們找祂的目的不正確，打發他們離開（約六 26）；有很多次，祂乾脆離開羣眾，獨自去休息和禱告（太十四 22～23；路五 16；約四 6）。

訂立界限總是困難的。有人會主動給你建議，或批評你的做法。但如果我們在憐憫的同在時，要保持我們有真正的憐憫，我們在滿足別人的需要時便不能超越個人的資源。如果我們不這樣做，最終我們會沒有任何東西可以獻出。

6

禱告

我們教會的祈禱事工已變成了最大的佈道計劃。這不是任何人的計劃，但關於我們教會會禱告的這個消息傳遍了整個社區。一些與教會沒有任何正式聯繫的人也打電話來，要求教會為他們禱告。陌生人接觸我們的會友，問我們能否將他們正在受苦的家人放在代禱名單上。當禱告如他們所願蒙應允時，他們往往來參加崇拜，將健康好轉歸功於神 —— 以及教會的禱告。

對很多人來說，禱告是操控神按他們意思做事的方式。如果禱告不如他們希望那樣蒙應允，他們便失望，對神失去信心。如果禱告按他們的期望蒙應允，他們對神便有好印象。但真正的禱告不是天堂自動售賣機的代幣。禱告是人與神的親密交談；神是主動，我們是回應。禱告是讓我們承認人的限制，承認人需要神。在很多方面，禱告是脱離我們混亂的處境，走向成熟和穩定的盼望。真正的禱告是對話，在其中我們向神的旨意和指引開放自己，也將我們的要求、思想和感受傳達給神。

在與神的動態的個人關係中，禱告是這關係裏不可缺少的生命線。透過禱告，我們得到方向、能力，以及神與我們同在的保證。耶穌的生命和教導讓我們看到禱告的重要性和意義。祂在繁忙的日程表中抽時間獨處和禱告(太十四23)。祂在禱告中向父神傾吐自己的痛苦(二十六39)。祂為自己所愛的人代禱(約十七)。祂也為敵人禱告，正如祂教導門徒那樣(路二十三34)。祂向人們講述神如何慷慨地回應禱告(太七7～11)，教導人們謙卑和單純地來到神面前的重要性(八1～13)，也教導人們與別人合一地禱告有多大能力(十八19～20)。在使徒行傳和新約的書信中，我們瞥見禱告對初期基督徒的重要性。我們看到禱告是與大能和有位格的神的一種動態聯繫。禱告是基督徒的屬靈生命不可或缺的。

疾病可以成為禱告的障礙

疾病和危機可以成為個人禱告的障礙，因為病人感受神同在的能力，可能會因困難太大而受到蒙蔽。讓我們以傑理·韋爾斯(Jerry Wells)作為例子。他是貨車司機，今年二十九歲，因為交通意外導致脊骨受傷入院。這已經是他在六個月內第二次的嚴重意外。在這次入院前，他在教會很活躍，但在留院期間，當護士告訴他主日早上有電視直播禮拜堂的崇拜時，他回答說：「我相信天上那人已經不再喜歡我了。我們的關係似乎不大好。」

傑理的反應並非不尋常。瑪麗·高恩(Mary Gowen)今年二十五歲，是基督教教育主任，她患了嚴重的結腸炎(colitis)。她在日記寫道：「我的禱告似乎沒有用。我覺得自己很自私，我只是不斷想著自己，祈求神醫治我。我似乎不能超越這點。我知道神聽別人的禱告，但祂卻似乎沒有聽我的禱告。」

莎拉．約翰遜（Sarah Johnson）亦有相似的反應。她今年六十九歲，已為人祖母，信心一直都很堅固，但她卻向教會護士承認：「現在神好像離我很遠。我不明白為甚麼，但我似乎不能再祈禱。」

疾病和痛苦往往干擾人們禱告的能力。哀傷也影響人們與神和別人的關係。傑理可能感到神沒有聽禱告，不關心他，或者不知道他擔心甚麼。他可能因為意外而怪責神，向祂發怒——然後又因為自己的發怒而感到內疚。他可能嘗試與神討價還價，然後又絕望地放棄。他可能十分害怕現在的情況，以致認為沒有誰——包括神——能夠幫助他。無論怎樣，傑理、瑪麗和莎拉都感到自己接觸不到神。

圖三：為甚麼禱告？

圖三描述了這些互動的關係。虛線顯示關係的實況。患病的人與神有關係，但他的病好像烏雲一樣擋在

他與神之間，令他感到神顯得遙遠和漠不關心。不過，這個人可以看見護士存在，感受到護士的憐憫。他很容易與護士溝通。他也感受到護士與神有很強的信仰關係。他知道神會聆聽這護士的禱告。護士為他禱告時，他感到神聆聽他的擔心。護士高聲與莎拉一起禱告，向莎拉保證禱告會蒙垂聽。

感到孤立

大部分患重病的人在某些時候都會感到十分孤立。無論那些人有沒有很強的支持系統，他們往往都感到孤單，脱離了與別人的關係。瑪麗亞（Maria）是三十三歲的女士，她有腦腫瘤（brain tumor）。她這樣形容自己的孤立感覺：「我很難表達過去幾個月我心裏那深刻的渴求。我日日夜夜都希望有人向我伸出關心的手，明白我的內心。我彷彿有一個巨大、裂開的傷口，不能愈合。痛苦、恐懼、煩躁、混亂，每天都壓迫著我。似乎沒有人接近我，沒有人關心我。我以為我會因為沒有人了解我而崩潰。我感到自己是惟一經歷有這種需要的人。」即使有熱心、充滿愛心的家人和朋友在身邊，病人有時也仍然感到孤立。

當人從自己能夠看見的人身上，也不能感受到愛和關心；那對於神的同在和關心，他們的感受能力就更弱了。如果疾病迫使他們倚靠別人，因為失去控制和獨立能力而產生的情緒困擾，可能進一步削弱他們信任神的能力。

信心堅定的人，往往在信靠神和禱告的能力方面經歷最大的困難。在有腦腫瘤前，瑪麗亞是宣教士，有很強的信心，但她現在說：「我需要有人用言語說出我不能向神說的話。」因為別人為她禱告，她感到得安慰；但由於自己似乎突然遠離神，她因此感到內疚。她非常想信靠神，但同時她又感到憤怒，感到被神出賣。她在宣教事業中受到的創傷和表面的失敗，一下子全都壓向她，令她陷入恐懼和沮喪的漩渦之中。瑪麗亞傾吐自己的感受時，她的朋友 —— 金妮（Ginny）靜靜地聆聽，然後提出與她一起禱告。在禱告中，金妮將瑪麗亞告訴自己的話，原原本本地告訴神，求祂給瑪麗亞力量、平安，並醫治她。金妮禱告時，瑪麗亞開始感到有盼望。

我們為別人禱告是重要的，不單因為他們可以得到安慰，也因為神聆聽和應允我們的禱告。我們有責任**為**受苦的人禱告。不過，**與**他們一起禱告，除了給他們心理安慰外，還有一些額外好處。耶穌指示門徒：「我又告訴你們，若是你們中間有兩個人在地上同心合意地求甚麼事，我在天上的父必為他們成全。」（太十八 19）人們一起禱告對神是重要的。

一起禱告對病人也是重要的。如果我們說：「我會為你祈禱。」卻沒有找出那人想我們**為**他們的甚麼事情禱告，我們可能帶給他們一點安慰，但卻只能提供很少的支持。那人永遠不知道我們禱告的內容，也不能確保我們**真的**有為他們禱告。

金妮高聲為瑪麗亞禱告時，瑪麗亞知道有人真的聽到她的擔心，明白她的需要。金妮暫時成為神恩典的管道，促進了瑪麗亞與神的關係。她和瑪麗亞一起將瑪麗亞的重擔袒露在神面前時，也打破了瑪麗亞的孤立。

親密而又不致揭露私隱

分享的禱告（shared prayer）在人際關係上有一些特別的副作用；它可以是人際溝通上一種十分深刻的形式。院牧丹尼爾．德阿芒（Daniel DeArment）說，分享的禱告容許「親密而又不致揭露私隱」。[1]我們與病人一起禱告，將病人以言語或非言語告訴我們的事情向神表達時，這是打破那人的孤立，卻沒有直接討論我們觀察到，但對方沒有說出來的事情。例如：某個人可能否認自己害怕做手術，但他的情感出賣了他。若我們直接識破對方說：「我看得出你**是**害怕的。」這很可能令他的防衛進一步增強。但和他一起禱告說：「主啊，這件事實在可怕——求你今晚安慰約翰吧。」卻可能讓他放心說出自己的恐懼。

關於意義的問題，特別是在疾病中找到意義，以分享的禱告，比閒談能更深入地得到處理。當人的能力不能令人滿意地解釋苦難時，與神的關係便可以帶來意義。在與病人一起禱告時，我們不單給他們支持；也藉著與他們一起去到「源頭」，我們與他們一起追尋意義和目的。

當危機扭曲了一個人對神的觀點時，我們可以透過分享的禱告顯示人對神的健康看法。例如：我們關心的人可能感到神離他很遠，沒有聆聽他禱告。我們個人、有信心地向神說話時，受苦的人可能重新感到神的愛和關心。

聖靈透過我們，並在我們裏面工作，這些都不能用科學解釋，但卻是真實的。羅馬書八章26節說：「況且，我們的軟弱有聖靈幫助；我們本不曉得當怎樣禱告，只是聖靈親自用說不出來的歎息替我們禱告。」親密和合一的感覺來自分享的禱告、可以觀察的人際動力，並不是心理學上騙人的伎倆。這些感覺顯示有位格的神在祂的受造物中間工作。

甚麼時候禱告

禱告必須在人懷著憐憫與別人同在的這種處境下，以及在有足夠溝通的關係中使用。如果人們表達了痛苦、恐懼、焦慮、壓力、無助或喜樂（無論以言語或非言語），而我們又可以認同他們的感受，我們便可以恰當地禱告。如果你不大清楚是甚麼困擾著對方，你便仍未預備好禱告。太早與別人一起禱告很可能會中斷了你們進一步作深入溝通。

另一方面，要避免利用禱告作為結束談話或探訪的方式。禱告往往勾起人們深刻的感受。禱告後的言語分享和交流，可能比之前的談話更重要。丹尼爾指出：「在病牀邊的禱告是否有動力和完全被恰當地使用，另一個驗證方法是，你願意留下來，回應病人由祈禱觸及的感受和言語。」[2]

在對方感到十分焦慮時，要留意屬靈的需要。等待和不確定的時間，是讓我們與對方一起禱告的機會。在人們接受手術或重要檢驗前，或被送到不熟悉的環境，或者要使用可能令人害怕的儀器（例如氧氣機、電極或監控器）時，禱告會特別有幫助。

在我護理事業的初期，露塞拉．瓦倫蒂（Rosella Valenti）教導我在十分焦慮時——包括她和我的焦慮——禱告有甚麼價值。露塞拉在嚴重心臟病病發後便要在深切治療部留醫，當時我剛調回那裏工作，對自己的能力仍然沒有信心。露塞拉是我教會的會友，但我與她並不相熟。她在那裏看到我時，似乎感到鬆一口氣，要求我為她禱告，我按她的要求為她禱告。護士長對此很不滿，她嚴厲地警告我，不可在她管轄的範圍內進行任何宗教活動。但第二天，露塞拉似乎有幻覺，她高聲抱怨說有一個「綠色男人」侵犯她的私隱，粗暴地對待她。她似乎以為自己在太空船上。她不斷呼喊：「神啊，幫助我吧！」

接著我瞥見一羣做手術的醫護人員，穿著綠色制服在病房裏走來走去，我想到露塞拉留在她的小房間內，接駁著不時發出聲響的監控器，還有在她的靜脈導管裏注射一種古怪的液體入她身體。她有甚麼感受？那些男人看起來當然像外太空來的星球人！我去見護士長，告訴她我確實認為我應該為露塞拉禱告，我解釋說這樣可令她安靜下來。然後我溫柔地按著露塞拉的手臂，告訴她她在哪裏，有甚麼事發生，然後為她禱告。之後，她放鬆下來，微笑著說：「我也知道那些人是醫生，我只是十分害怕——但我也知道主也在這裏。」她再沒有「幻覺」。而在那次之後，我得到批准，可以為任何病人禱告。

在某個情況下，要決定禱告是否合適，基本指引可能是問自己：「我在滿足自己還是別人的需要？」如果是為著你自己的需要而推動你去禱告，你最好還是私下禱告，而不是利用受苦的人滿足自己的需要。如果我不作區別地在深切治療部高聲地與每一個病人禱告，護士長對我的責備是完全合理的。不過，由於我首先評估了露塞拉的需要，我對她的介入明顯是合適的。

當你向人們提出為他們禱告時，他們很少會拒絕。在我自己的經驗中，我只想到有兩次這樣的情況。兩次都在我擔任院牧時發生，而完全不是在我以護士身分照顧病人時。一次是一個年長的婦人告訴我：「不用了，我自己的牧師今天下午會來。」另一次是一個很有才能的商人，他似乎需要感到一切都在自己掌握之中。他說：「我沒有事的。我不需要天上那個人的任何幫助。」如果出現這種情況，要尊重那人的拒絕，繼續談話便可以了。要表達你接受對方，即使他們不接受你的建議。要確保你不會在這時立即起身告辭。

怎樣禱告

我們與別人一起禱告時，是向神表達出如果那人能夠禱告，他會怎樣禱告。最有效的禱告通常是簡短、簡單地向神說出對方的盼望、恐懼和需要，並承認神有能力在他們的處境中與他們相遇。

例如：羅斯．韋德（Rose Wade）的丈夫在與她爭執期間向她開槍，打傷了她的鼻和口，事後她被送到急症室。她的情況穩定，她也清醒，但因為痛楚及舌頭腫脹而不能說話。她顯得害怕和不適。護士向她介紹了周圍的環境後，拿了紙筆給她，請她寫下任何問題或需要。羅斯寫道：「我的孩子在哪裏？他們怎樣對待我丈夫？我要留在這裏多久？」護士答應替羅斯找出問題的答案，然後走到辦公桌打電話。

護士查出孩子由鄰居接到家裏。然後她用羅斯牀邊的電話致電給那鄰居，讓羅斯確定他們平安。她丈夫被監禁。醫生不能估計羅斯要留院多久，那要視乎她康復的進度。在她得到自己要求的消息後，羅斯似乎沒有那麼沮喪，但仍然頗為焦慮。她寫道：「我愛我的丈夫。那是**意外**。我不想他們將他關起來！」然後她躺下，臉上流露出絕望的表情。護士問她：「羅斯，你想我與你一起祈禱嗎？」羅斯顯得釋然，點頭同意。

護士禱告説：「天父，感謝祢，祢知道在這一切混亂中究竟發生了甚麼事。感謝祢，羅斯的孩子現在得到很好的照顧。我們祈求祢與羅斯那被羈留的丈夫同在，祈求他會得到公平的對待。主啊，求祢賜他平安。讓他明白羅斯愛他，祢也愛他。求祢現在給羅斯力量，醫治她，讓她可以很快回家。主啊，現在她感到害怕，請祢安慰她。奉耶穌的名。阿門。」

在禱告中，護士提到羅斯表達的憂慮：她的孩子，她的丈夫，和她留院的時間。護士留意到羅斯沒有用言語傳達的信息，也祈求羅斯的丈夫會明白她對他的愛。禱告到這裏時，羅斯開始哭起來，顯示禱告觸及她深刻的感受。護士在禱告中也承認羅斯的恐懼，雖然她們沒有直接討論這個問題。護士禱告的內容，正是如果羅斯能夠禱告時她會提到的事情。

如果我們的禱告要好像對方希望那樣，我們需要考慮對方的宗教背景，包括過去甚麼類型的禱告對他們有意義。大部分人都喜歡將需要以簡單、沒有特定形式的方式向神表達，但也有很多人習慣正式、寫下來的禱告。有些人甚至感到自發的禱告是不尊重神，他們較傾向從公禱書中挑選禱告。大部分基督徒都深受主禱文感動——包括新教徒和羅馬天主教徒。即使患有腦退化症或半昏迷的人也往往可以與你一起用主禱文禱告，即使他們不能回應其他言語的刺激。

如果對方沒有基督教背景，你仍然可以提出向神禱告。人們通常會大方地接受這個建議。不過，如果那人堅持要向另一個神禱告，你可以說：「我不能這樣做，但我會嘗試找別人幫助你。」大部分醫院的院牧部都可以找到來自不同信仰傳統合適的屬靈領袖。甚至耶穌也容許人們自行選擇，給他們自由拒絕祂（太十九22）。

有些時候，在別人想你為他們禱告時，你可能感到不能禱告。例如：阿爾瑪．斯坦頓（Alma Stanton）在截肢後躺在牀上，抓著剩下的大腿痛苦呻吟。梅瑾．希爾（Megan Hill）經過她病房時，阿爾瑪喊叫說：「護士，護士，請為我祈禱。」

梅瑾走進房間坐下。「你想我怎樣為你祈禱？」

阿爾瑪回答說：「祈求我的腿會長回來吧。」梅瑾可以向阿爾瑪說甚麼？如果她按阿爾瑪的要求禱告，便會增強她那不切實際的期望。禱告會被化約為魔法。阿爾瑪可能視神為滿足人們願望的精靈。如果阿爾瑪的腿不長回來，她可能對神失望，認為神並不真正關心她。

梅瑾可以說：「阿爾瑪，我不能這樣做。你和我都知道你的腿不能長回來。」雖然這種做法是以現實為基礎，但卻是以高傲的態度對待阿爾瑪。阿爾瑪可能因此完全停止表達自己的需要，她需要的不是批評，而是來自梅瑾和神的愛和支持。

更有建設性的回應是：「失去一條腿一定十分痛苦。」這樣梅瑾便製造一個機會，讓阿爾瑪講述她經歷的損失，自己則可以同情地聆聽。阿爾瑪在表達了因為失去一條腿而感到的憂慮後，梅瑾便可以更具體地為她的需要禱告。那麼，梅瑾可以怎樣將阿爾瑪對法術的期望轉為合適和憐憫的禱告？

在與阿爾瑪談話時，梅瑾發覺她害怕自己變得要依賴孩子，或者被逼住在護理院。她在物理治療方面的進展緩慢。她獨自一人居住，不肯定能否照顧自己。她被切除的腿也有幻痛（phantom pains），令她擔心自己是否瘋了。梅瑾與阿爾瑪談了幾分鐘後問道：「我們為我們談及的事情祈禱好嗎？」阿爾瑪同意。梅瑾禱告說：「天父，感謝祢認識阿爾瑪，而且十分愛她。也感謝祢明白她的需要。父啊，祢知道她現在多麼害怕。她的生命突然間似乎有很多改變，有很多未知之數。父啊，求祢賜她勇氣和力量，在物理治療上給她幫助，在她學習用義肢時給她信心。主啊，我們知道祢掌管著阿爾瑪的將來，在她出院時祢會供應她的需要。求祢現在將祢的平安賜予她，減輕她的痛楚，讓她今晚可以好好休息。感謝祢與她同在。奉耶穌的名。阿門。」

梅瑾的禱告傳達了，神愛阿爾瑪，知道她的需要，與她同在。這禱告具體連繫到阿爾瑪表達的需要，但卻沒有提出不切實際的期望。

我們可以祈求醫治嗎？

禱告不是法術。禱告是在個人與神的關係中溝通。我們不能操控神，要求祂作不切實際的回應。在甚麼時候要求神給予我們想要的結果，會變得不恰當？我們的回應可以有多具體？我們能夠祈求醫治嗎？如果能夠的話，甚麼時候可以這樣祈求？

關於怎樣禱告，或許最有用的指引來自清楚明白神與我們的關係有甚麼本質。與天上的父溝通和與地上的父母談話相似。由於我們熟悉父母，我們很快知道他們會答應或拒絕甚麼要求。在健康的親子關係中，即使父母不容許孩子為所欲為，或者要甚麼便有甚麼，但孩子也知道父母是愛他的。孩子除了提出要求外，也會為了其他原因來到父母那裏。他會與父母分享自己的活動和夢想，表達愛和欣賞，學習説多謝。

禱告也包含著與親子溝通中相同的互動。將神視為天上的父，比將祂視為精靈成熟得多。我們在禱告中來到神面前，以祂為父時，我們就是與那和我們一起禱告的人分享一種成熟的神觀。

聖經提出神是慈愛的父親，祂「把好東西給求他的人」(太七 11)。這些好東西包括醫治。不過，聖經的醫治不單包括身體得醫治。在聖經中，健康和拯救緊密相連。**拯救**的希伯來語也可以翻譯為「挽救健康」。神關心整個人。聖經吩咐我們祈求醫治(例如：雅五 13～15)。有信心的禱告可能帶來身體的醫治(路八 48，十八 42)，但這不是必然的(林後十二 8～9；提前五 23；提後四 20)。神最關注的是每個人與祂有具活力的關係。

我們與別人一起禱告時，透過支持他們與神的關係，為他們帶來安慰和鼓勵。我們也可以藉著在個人靈修方面給予幫助，或者在需要時安排牧師探訪，來促進這關係。禱告是人與神必不可少的連繫。我們與受苦的人一起高聲禱告時，我們就是與他們一起經歷神的意義和目的，神的愛和赦免。

教會的醫治崇拜是進行醫治禱告的另一個場合。很多教會邀請人們前來接受禱告和抹油。其他教會則提供機會，讓人們在小組中禱告，或者讓牧師或長老探訪患病或受苦的人，為他們禱告。無論是在正式的教會聚會或單對單的談話，禱告運用的都是家庭關係的語言，表達我們屬於神的家庭。

註釋：

1. Daniel C. DeArment, "Prayer and the Dying Patient: A Way of Intimacy Without Exposure," *Princeton Seminary Bulletin* 66, no. 2 (summer 1974): 55.
2. DeArment, "Prayer and the Dying Patient," 56.

7

聖經

我朋友菲利斯（Phyllis）多年來都患有嚴重背痛。在她雙腳開始失去感覺，不能正常行動時，她的情況由慢性轉為急性。她入院接受一些十分痛苦的治療時，我答應陪她幾天。在治療後，我和菲利斯坐在一起，為了退修會做準備工作，我們研讀詩篇六十六篇。突然間，幾節經文吸引了我：

> 神啊，你曾試驗我們，熬煉我們，如熬煉銀子一樣。你使我們進入網羅，把重擔放在我們的身上。你使人坐車軋我們的頭；我們經過水火，你卻使我們到豐富之地。（詩六十六 10～12）

這些經文似乎描述了菲利斯最近的掙扎。她正準備應付工作上的重大轉變，健康問題卻突然重壓著她。她背上的擔子既有形，也無形。身體的痛楚難以忍受。每次她感到好一點，醫生便建議做另一次檢驗或治療，每次都比前一次更痛苦。她的情況沒有改善，但她卻要面對現時工作的嚴苛要求，而將來愈來愈重的責任又壓著她。她感到自己令所有人失望。

「菲利斯，聽聽這段經文——它好像是特別給你的信息！」我興奮地說。菲利斯因為麻醉藥的影響，仍然昏昏沉沉，但她盡量集中精神聆聽。關於「豐富之地」那部分吸引了她的注意力。後來她要求我將經文再讀給她聽，她抓著這幾節經文作為應許。最後，當她回復工作時，她與同事分享這應許，在給別人的信中加上這幾節經文，也經常將它們掛在嘴邊。神透過祂的道說話，給她盼望。

對患病或面對危機的人使用聖經，可以帶來盼望、力量、平安，但也可以深深地傷害別人，或令人夢想破滅。分享聖經時，你必須小心選擇經文，合適地分享。在約伯受苦的故事中，那些「安慰者」便是不恰當地分享聖經的典型例子。

這些「安慰者」做錯了甚麼？首先，他們帶著一個假設：任何人受苦都一定是罪有應得的。其次，他們從不問約伯有甚麼感受，也不支持他僅有的資源；他們只是指摘他。我們可以很容易地運用聖經作為棍棒。我甚至聽過有人向病人引述約伯朋友的話，他們假定由於這些話來自聖經，所以一定是神對受苦的人所說的話。

怎樣避免誤用聖經

佩吉（Peggy）深深地體會到這種做法的破壞力。她因為嚴重的敗血病（septicemia）而入院，還有充血性心力衰竭（congestive heart failure）和嚴重肥胖。所有醫藥治療都似乎沒有效。佩吉沒精打采地躺在病牀，感到愈來愈沮喪。一個護士拿著聖經走到她的病房。對她說：「佩吉，我想讀點東西給你聽。」她翻到約翰福音十四章13至14節：「你們奉我的名無論求甚麼，我必成就，叫父因兒子得榮耀。你們若奉我的名求甚麼，我必成就。」接著她繼續說：「你知道為甚麼你沒有好轉嗎？你信心不夠！如果你有信心，神會醫治你。」

佩吉沒有回應。她感到好像被人在背後插了一刀。她與主緊密同行，但現在不能鼓起更大的信心。她理智上知道護士的假設根本是錯的，但聽到這些話仍然令她感到難過。

最後護士尖聲說：「你知道這間醫院有幾多個基督徒護士嗎？」

佩吉回應時發揮了她潛在的幽默感：「很可能比你以為的少一個！」

單因為有些話在聖經裏出現，並不表示它們同樣適用於任何場合。聖經包含了故事、論證、詩歌、箴言、律法、個人通信和豐富的想像。雖然它完全由神默示，但它也是十分人性的書，在某個歷史和社會背景中寫成。特定的部分指向特別的處境和文化環境。這本書充滿人類的情感和失敗，也記錄了神在祂的百姓中，並透過祂的百姓贏得的勝利。雖然聖靈在聖經中與我們相遇，改變我們；但聖經不是魔法書，不能用作咒語或醫治的方程式——雖然歷代都有人嘗試這樣做。

傑理．考德威爾（Jerry Caldwell）是神學院的高班學生。一天早上，他獲委派探訪一個會友，結果落入相當麻煩的景況。埃塞爾（Ethel）患了嚴重糖尿病，雙腿從膝蓋以下都被切除，現在正在康復中。傑理主動提出讀一段經文給埃塞爾聽，他隨意地選了詩篇一百二十一篇。他讀完第3節後，突然停了下來。經文說：「他必不叫你的腳搖動。」埃塞爾憤怒地坐起來說：「唔，祂這次肯定沒有守祂的承諾，不是嗎？」

在選擇經文方面，最後一個提醒是：避免用你喜歡的經文作為固定的答案。在這方面，羅馬書八章28節肯定是人們濫用得最多的：「我們曉得萬事都互相效力，叫愛神的人得益處，就是按他旨意被召的人。」丹（Dan）在聽到人們很多次引述這節經文後說：「我知道神是好的，祂也愛我，但現在我既害怕又傷痛，我只是想有人願意聽我傾訴。」

恰當地使用聖經

丹給我們恰當使用聖經的第一個原則。在向受苦的人說出或引述經文前，一定要**先細心聆聽**。聖經總應該配合懷著憐憫的同在來使用。對方有甚麼想法和感受？對方怎樣看神？疾病或傷殘怎樣影響對方與神的關係？

例如：多夢西（Dorothy）感到在她與卵巢癌（ovarian cancer）搏鬥的漫長戰爭中，神遺棄了她。她一直都是忠實的會友，在患病以前從沒有懷疑過神。她因為自己對神信心動搖而深受困擾。她的牧師比爾．莫澤（Bill Moser）探訪她，聆聽她的擔心，不作任何評論，然後凝視著她雙眼，對她說：「多夢西，甚至連大衞有時也有這種感覺——聽一聽詩篇十三篇吧。」接著牧師讀出：「耶和華啊，你忘記我要到幾時呢？要到永遠嗎？你掩面不顧我要到幾時呢？我心裏籌算，終日愁苦，要到幾時呢？」（詩十三1～2）

讓人可以與聖經人物感同身受的經文，能夠安慰那些因為不接受自己的景況而感到內疚，或者對神或別人感到憤怒的人。一旦你細心聆聽某人的真正想法和感受，你便能夠選擇可以鼓勵和支持那人的經文。你也需要熟悉不同種類的經文，才能夠選擇合適的段落。

表二的經文被證明對困苦的人是特別有幫助的。仔細閱讀這些經文，想一想每段經文適合在甚麼情況下與別人分享。你也可以與另外幾個人討論，聽一聽他們的洞見。在開始時以表二的經文作為一份記錄；然後加上你喜歡的經文。

	罪疚	孤單	被遺棄	受苦	對未知的恐懼	懼怕死亡	慢性疾病	筆記
申七 6～9								
尼九 17								
詩四篇								
詩十三篇								
詩十六篇								
詩二十三篇								
詩三十二篇								
詩五十一篇								
詩六十一篇								
詩八十八篇								
詩一一六篇								
詩一三九篇								
賽三十 15、18								
賽六十一 1～3								
太十一 28～30								
約十一 25～26								
約十四 1～7								
羅八 1～4								
羅八 26～28								
羅八 38～39								
腓四 4～7								
來四 15～16								
來十三 5～6								
約壹一 8～9								

表二：有用的經文

細心聆聽包括考慮分享經文的**適當時機**。對於已經表達了一絲盼望，只需要強化神所教導的事情的人，羅馬書八章28節可能是有用的經文。但如果某人對神感到憤怒，這節經文可能令對方更痛苦。受苦的人可能感到：「當然，在所有其他人的生命中，萬事都互相效力，但我卻是例外！」實際上，好像詩篇十三篇這種哀歎的詩篇可以安慰這樣的人。在那裏，詩人抱怨說：「耶和華啊，要到幾時呢？」有類似主題的詩篇八十八篇，也是合適的。

甚至我們讀起來感到畏縮的憤怒經文，對身處哀傷的憤怒階段中的人也有幫助。閱讀好像詩篇九十四篇或詩篇一百三十九篇19至22節這樣的經文，對那些因為自己的憤怒而感到內疚的人，在情感上可能有宣洩作用。很多受苦的人都有一段時間對神感到很憤怒，因此知道甚至聖經人物也會感到憤怒和沮喪，是一種安慰。

例如：弗蘭克．華盛頓（Frank Washington）在健康護理系統中被拋來拋去，直至他身體狀況嚴重衰退。似乎沒有人知道可以怎樣做，每次診斷和治療的嘗試都只令他的情況更糟。他對神和幾乎任何人都感到憤怒，但又羞於表達。他感到害怕，擔心如果承認自己的真正感受，神會拒絕他。他朋友拉蒙特（Lamont）體會到他的感受。他幾年前也有類似經歷。拉蒙特試探地說：「弗蘭克，我想讀一篇詩篇給你聽。這首詩比較長，但請你忍耐一下，我想你會有共鳴的。」拉蒙特開始讀詩篇六十九篇的某些段落，弗蘭克哭起來。他讀到第29節時，弗蘭克變得愉快。到拉蒙特讀完整首詩篇時，弗蘭克已經在讚美神了。

不過，平安及安慰不是衡量屬靈關顧是否有效的惟一方法。希伯來書告訴我們：「神的道是活潑的，是有功效的，比一切兩刃的劍更快，甚至魂與靈，骨節與骨髓，都能刺入、剖開，連心中的思念和主意都能辨明。」（來四 12）雖然我們不應該用聖經譴責或審判別人，但有時聖靈會用聖經來令人們認罪。聖經可能令人憤怒或深刻地反省。如果有人負面地回應某段經文，不要感到困擾。不過要十分小心，要確保刺耳的話是來自道本身，而不是因為你對別人真正的需要不敏感。

你讀的經文是否有效，也可能受你**選擇的聖經譯本**影響。大部分人都喜歡聆聽容易明白的現代版本。不過，有些人可能認為《英王詹姆斯譯本》（King James Version）是惟一能夠接受的譯本。最好的做法是詢問你關顧的對象有沒有特別喜好。你甚至可以使用對方的聖經。有一次，我因為特別喜歡某個新譯本，不假思索便向一個病人讀出。她看到聖經的封面時顯得害怕，驚呼道：「立即將它拿走——你不知道這本聖經是屬魔鬼的嗎？他們將聖經的精髓抽走！」我回家檢視那本聖經，確保**精髓**仍然在其中（確實是這樣），並視這為以艱難的方式學到的一個教訓。

一種吸引人的分享聖經的方法，就是為某人細心挑選精美的印在卡紙或書簽上的經文。你可以自己製造，或者從基督教書店或聖經公會購買。你也可以帶著一些細小、方便拿著的大字體經文小冊子，送給你關顧的人。有很多這類聖經按題目編排的小冊子，而且有漂亮的插圖。你也可以找到收錄詩篇、約翰福音、約伯記或其他經卷的小冊子，是特別能夠鼓勵受苦的人的。也要記著，母語不是英語的人，會喜歡收到自己母語的聖經或其他基督教書籍。

向受苦的人學習

屬靈成長應該是人們共有的經驗。提供屬靈關顧並不表示我們總是扮演教師的角色。我們應該讓我們關顧的人，以他們對聖經的理解教導我們。雖然很多受苦的人以他們對聖經的洞見豐富了我的生命，但有一個女士令我的印象特別深刻。我任職護士時，安娜．莫理斯（Anna Morris）經常到外科部留醫。每次她到來，都是因為她的癌症惡化了；所以每次她入院時，我都感到害怕。不過，雖然她的身體日漸衰殘，但她的靈卻飛騰，她喜樂地分享她與主的同行。她為外科部的其他病人禱告，也為護士禱告。每天早上她都歡樂地對我說：「這是今天給你的經文！」那節經文總是奇妙地合適，在整天都給我很大鼓勵。每當我在她房間停留，她都會問我那天過得怎樣，並簡單地談論為甚麼她認為那節特定的經文對我是重要的。

在這樣的時候，問別人喜歡甚麼經文，或者甚麼經文對他們特別有幫助，會給他們機會與你分享神教導他們的東西；這樣也可以讓他們回憶神在他們一生中的信實。聆聽他們分享給你的鼓勵，可能好像給他們的鼓勵一樣大。

其他文字資源

今天有很多受歡迎的基督教著作是處理疾病、苦難和死亡這些課題。很多這類材料都可以支持、鼓勵和引導讀者。你考慮推薦書籍給你關顧的人時，要記著一些重要的原則。

首先，**作品要短**。身處危機、面對痛苦或傷殘的人，注意力都很有限。即使平時很喜歡閱讀的人，每次也可能只能夠閱讀幾頁書。字體大和章節短的書會受歡迎。細小和較輕的書籍可以讓躺在牀上閱讀的人更容易拿在手裏。為疾病或危機設計的靈修書籍可能特別令人喜歡。葛瑞格．韋斯伯（Granger Westberg）的《積極的哀傷——如何建設性的處理失落問題》（*Good Grief: A Constructive Approach to the Problem of Loss*）是這方面一個很好的例子。這本書只有六十四頁，而且有大字版。

其次，那些書籍應該**實用**。指示清晰、扼要和切題，會十分有幫助。例如：如果一個家庭考慮將年長的父母送到護老院，他們會喜歡詳列要考慮的重要因素的書籍。列出考慮清單，或就每一個步驟提供指引的資源，在市面源源不絕地推出。

第三，要肯定資料是**準確和最新的**。今天健康護理系統和醫療情況瞬息萬變，即使頗為近期的書籍也可能已經過時。如果你感到自己不合資格評估一本書的準確性，可以請在你關心的範疇方面有專長的護士或醫生推薦合適的資源。

第四，找**個人化**的書籍。不要推薦你沒有讀過的書。你應該可以提供你個人的推薦——因為那本書幫助你度過困難的時刻，或者你特別選那本書來滿足對方的需要。個人化也表示作者從第一手經驗說話，要不是經歷過苦難，就是關顧過經歷苦難的人。

分享而不是說教的書最能夠鼓勵人。例如：鍾妮．

塔達(Joni Eareckson Tada；在潛水時遇到意外，全身癱瘓)、戴夫·德拉韋基(Dave Dravecki；因為癌症而失去一隻手臂)和沃爾特·旺格林(Walter Wangerin；以關顧的牧師這個身分寫作)，他們講述感人的故事，這些故事直接處理受苦的艱難現實，同時又指向神的愛和信實，從而給人教導。

最後，在送書給人後，一定要**跟進**。詢問朋友是否想討論某一章，或者有沒有任何問題。如果視力欠佳或其他傷殘限制了對方閱讀的能力，你可以提出由你高聲讀出一些段落。

傾聽道

今天很多人都不閱讀，甚至在健康的時候也是這樣。疾病可能令人難以閱讀。錄音帶和錄影帶在這時候是很好的資源。基督教音樂、聖經和完整的書籍都以這兩種形式推出。有時人們身處危機中，透過聖詩和讚美詩歌，比透過閱讀更能夠傳達聖經的話。

我朋友菲利斯患病時，花了很多個小時播放由慕迪錄影帶(Moody Video)製作的系列影帶，有美麗的風景配以讀經和聖詩。她也記起童年的聖詩，這些聖詩向她講述神的信實，她也十分喜歡聽到人們用鋼琴彈奏這些詩歌。

很多時候，言語不能帶來安慰時，熟悉的聖詩那溫柔的調子會令人產生共鳴。半昏迷的人在聽到那些已經認識多年的聖詩時，也能夠記起歌詞跟著唱，這似乎完全不是異乎尋常的事。

神透過祂的道與我們溝通。我們從聖經讀到神的道，別人閱讀聖經時我們也會聽到，而其他基督徒作品和多媒體製作也見證這道。人們不能自己吸收時，我們的屬靈關顧需要集中在幫助他們聆聽神的道，並在祂的愛和信實中找到安慰。

8

觸摸的力量

新牧師來了不久，便在崇拜中加插一段時間，讓會眾彼此問候，溫柔地握手或擁抱。一些舊派的人在崇拜後聚集，抱怨這種做法，但八十七歲的多麗絲·馬丁（Doris Martin）卻說：「噢，我**喜歡**這樣！我從不缺席崇拜，因為那是惟一有人觸摸我的時間。而且，保羅不是吩咐羅馬的教會以聖潔的親吻彼此問安嗎？」多麗絲的丈夫在四年前去世，她現在獨居，仍然健康和自給自足，但卻懷念別人的觸摸。

耶穌在整個事奉中都運用觸摸。一個痲瘋病患者走近祂說：「主若肯，必能叫我潔淨了。」耶穌伸出手觸摸他說：「我肯，你潔淨了吧！」他的大痲瘋立刻就潔淨了（太八 2～3）。耶穌觸摸彼得那患病的岳母的手，令她得到醫治（太八 15）。一個患血漏的婦人在觸摸耶穌的衣裳繸子後便得到醫治（太九 22）。耶穌觸摸兩個瞎子的眼睛，他們便能夠看見（太九 29）。馬太繼續解釋說：「那裏的人一認出是耶穌，就打發人到周圍地方去，把所有的病人帶到他那裏，只求耶穌准他們摸他的衣裳繸子；摸著的人就都好了。」（太十四 35～36）

另一個婦人來到耶穌那裏，「被鬼附著，病了十八年，腰彎得一點直不起來。耶穌看見，便叫過她來，對她說：『女人，你脱離這病了！』於是用兩隻手按著她；她立刻直起腰來，就歸榮耀與神」（路十三 11 ～ 13）。

在這些醫治的背景下，耶穌告訴門徒：「我實實在在地告訴你們，我所做的事，信我的人也要做，並且要做比這更大的事，因為我往父那裏去。」（約十四 12）不過，祂不是單為了醫治別人才觸摸他們。門徒怕得要死時，「耶穌進前來，摸他們，説：『起來，不要害怕！』」（太十七 7）觸摸傳達溫柔、慈愛、力量和接受。詩人呼喊説：「求你不要遠離我！因為急難臨近了，沒有人幫助我。」（詩二十二 11）觸摸令受苦的人知道有人在身邊。

沒有觸摸時，人們可能感到孤單和被遺棄。詩人抱怨説：「你把我所認識的隔在遠處，使我為他們所憎惡；我被拘困，不得出來。我的眼睛因困苦而乾瘪。耶和華啊，我天天求告你，向你舉手。」（詩八十八 8 ～ 9）我們害怕或痛苦時，自然反應是伸手觸摸別人尋求支持。而詩人提醒自己：「因他要為你吩咐他的使者，在你行的一切道路上保護你。他們要用手托著你，免得你的腳碰在石頭上。」（詩九十一 11 ～ 12）我們想得到別人的觸摸，想得到神的觸摸，在絕望時也想得到天使的觸摸。

觸摸也令我們保持與現實接觸。耶穌從死裏復活，向門徒顯現時，告訴他們：「你們看我的手，我的腳，就知道實在是我了。摸我看看！魂無骨無肉，你們看，我是有的。」（路二十四 39）同樣，觸摸往往可以幫助害怕或茫然的人在陌生的環境中放鬆，並感到自在。

觸摸的動力

每個人都需要身體接觸。人類學家阿什利．蒙塔古（Ashley Montagu）寫道：「在十九世紀，超過一半嬰孩在一歲前便死於一種被稱為**消耗**（marasmus）的疾病，這個希臘詞語的意思是『消瘦』。」這疾病的特點是無緣無故漸漸失去肌肉和力量。阿什利接著說，遲至一九二〇年代，在美國不同的育嬰院中，一歲以下嬰孩的死亡率幾乎達到百分之一百。消耗的成因在第二次世界大戰後才被人們發現，研究顯示那是因為缺乏培育。無論在身體或情感，孩子都需要別人陪伴、撫摸和摟抱。[1]

護理傳統上都將觸摸融入日常照顧中：幫助病人洗澡，在晚間護理時替病人按摩背部，在病人走路不穩時扶著他們，提供皮膚護理，讓病人舒適地躺在牀上，偶然溫柔、關心地觸摸他們。但在現時高科技的健康護理環境中，很多這些做法都失落了，或者交由助理人員負責。

觸摸傳達關心和親密。將手溫柔地放在手臂或肩膀上，輕拍背部或握著別人的手，通常都會給對方力量和鼓勵。健康的友誼也涉及觸摸，那是有培育和安慰作用，而不涉及色情的。現在人們普遍明白，觸摸對健康的情感發展是重要的。它傳達參與、關心、責任、溫柔和察覺到別人的需要和脆弱。我們成年後仍然需要觸摸；事實上，感到孤單和缺乏親密的成年人似乎最容易陷入在情感上依賴別人的關係中。

邁克爾．菲利普斯（Michael Phillips）牧師解釋說：「在人受苦時，慈愛不單是模糊的溫暖，或輕微的刺激。親密是帶來安慰的聯繫，是帶來親近的慰藉，是表達最先和最重要的體諒。」[2] 可惜的是，我們的文化往往誤解了觸摸。曾經受到性侵犯的人可能避免身體的觸摸。另一些人可能從性的角度來回應，以為別人的觸摸是別有用心的。不過，雖然表達愛要承認涉及上述的風險，但邁克爾仍堅持「親密不是敵人」，並制訂一些指引。他在自己情緒不穩定、被別人拒絕時，或不能表示真正的關係時，都避免表達愛。但在面對別人蒙受損失、感到失望或被拒絕時，他卻發覺表達愛是合適的。[3]

輔導員洛理．倫策爾（Lori Rentzel）就確實出現性誘惑而人變得具操控性的情況，提供一些建議（但他警告說沒有容易的解決辦法）。首先，我們需要對自己和神坦白承認問題的存在，承認關係有不恰當的地方。接著，重要的是向能夠給我們輔導，與我們一起禱告的人坦白說出問題。然後我們必須慢慢脫離那關係。[4]

有關恰當的觸摸指引

雖然觸摸在健康的關係中是不可或缺的元素，但每個人對觸摸都有不同看法。人們可能誤解了別人觸摸的意圖——無論是正面還是負面地誤解。一些基本的指引可以讓人恰當和有用地運用觸摸。

- ☐ 在觸摸前先徵求對方同意。「我們祈禱時可以握著手嗎？」「我可以擁抱你嗎？」溫柔地觸摸手臂或肩膀，不用先問對方也應該沒有問題；但如果對方退縮或緊張，要視這為對方不接受的回應！要記得，對方可能因為感到權力不對等或害怕受拒絕而不敢說不，所以要留意身體語言。
- ☐ 在觸摸前先考慮別人的文化背景。亞洲人一般比較保守，可能不喜歡陌生人觸摸。我一個中國朋友曾經向我承認，西方朋友以擁抱來與她打招呼時，她感到害怕。拉丁美洲人通常比較開放和容易流露感情。不過，這些固有的看法總有例外，所以要先問對方。

- ☐ 要小心觸摸甚麼部位。胸部、性器官、臀部和大腿是完全不能觸摸的。手臂、肩膀或背部通常是比較安全的部位。避免任何有性暗示的觸摸。長時間緊緊地正面擁抱、愛撫或撫摸，在助人關係中是不恰當的行為。甚至異性間的輕輕觸摸或短暫擁抱也可能被理解為挑逗。如果你或對方對觸摸感到不安，便要避免這樣做。
- ☐ 在大多數情況下，與別人獨處時要避免觸摸，特別是在輔導的情況下。如果你在患重病的人牀邊，單獨與對方一起，握著對方的手；或者在單獨探訪不方便外出的人時短暫擁抱對方，這些都是頗為恰當的，但要提防在沒有第三者在場下長時間或頻密的觸摸。
- ☐ 你輔導別人時，最好讓門虛掩，以致對方不會對出於關心的觸摸有誤解。如果你懷疑對方（無論是男還是女）可能過分倚賴或依附你，要避免在私人場合觸摸對方。
- ☐ 小心不要令對方感到不能避免或被逼接受你的愛。
- ☐ 呵癢或鬧著玩的輕薄通常都是不恰當的。

在我們的社會，性侵犯是嚴重的問題。有時以純真、關心的姿態開始觸摸，但卻可能發展成性行為。當主動觸摸的人處於有權力的位置，例如是護士、牧師或其他關顧者，對方可能不敢拒絕或制止。感到受侵犯的人接著會認為問題是由自己引起的，這可能會引致羞恥或長期的情緒困擾。長期得不到觸摸的人可能誤解觸摸，或以性行為來回應，即使觸摸的人只是想傳達憐憫。

濫用觸摸

有性含義的不恰當行為，並不是惟一濫用觸摸的方法。很多新的「觸摸治療」(touch therapies) 在健康護理場景內出現，作為「另類」或「補充」治療。健康護理的專業人士和大眾都受到傳媒和受尊重的健康護理機構誤導。

例如：瑪麗．帕隆博 (Mary Palumbo) 在患卵巢癌末期時十分感激善終護士休．梅森 (Sue Mason) 的支持和實際幫助。休照顧瑪麗，直到她的痛楚得到很好的控制，也令瑪麗和她家人可以一起談論她將要面對的死亡。不過，休感到瑪麗裏面有一種不安，是似乎沒有甚麼可以觸及到的。

善終中心最近提供了一個關於治療性觸摸 (Therapeutic Touch) 的在職訓練課程。休決定嘗試將這種技巧應用到瑪麗身上。休向瑪麗解釋那程序，說那是教會一直實踐的「按手」的一種形式。瑪麗對這想法感到不安，但還是同意了。

休首先安靜地坐下，運用一些默想技巧，包括深呼吸和想像，令自己「集中」起來。她在家裏每天都花較長時間運用這些技巧。一旦她感到集中，便開始將手放在瑪麗的皮膚幾寸之上，慢慢由她的頭移向腳，感受她的「能量流」。當休感到能量阻塞時，便用掃的動作「平伏」那阻塞，然後揮動雙手，彷彿要除去能量。接著她刻意透過想像力，並感到自己的能量傳給瑪麗，從而

「重新引導」瑪麗的能量。最後，她停下來進行「評估」。她的目的是令瑪麗的「能量場」恢復平衡。整個程序大約花了十五分鐘。

程序完成後，瑪麗感到與休有一種新的親近。更重要的是，休感到很滿足。她能夠在醫藥或心理介入都似乎沒有作用時，為瑪麗帶來進一步的安慰。事實上，很多從事治療性觸摸的人提倡這種技巧，不單為了它對病人的作用，同時也為了它對護士的好處。

實行治療性觸摸的護士通常都因為一些很好的理由而開始這樣做。今天的健康護理系統令病人和護士都很不滿。當成本效益變成主導因素時，最先被削減的往往是最能夠令護士滿足的服務——需要時間和足夠人手才能夠提供的護理措施。

大部分護士加入這行業，都是因為渴望事奉神和幫助別人，他們往往感到被現時的健康護理系統奪去這種能力。治療性觸摸嘗試恢復護士和病人都在尋找的那種個人、親身參與的取向。

今天很多病人發覺正在改變的健康護理場景令人混亂、非人性，也令人感到挫敗。住院的時間大幅減少，甚至連跟進的家訪也是這樣，令人們獨自面對痛苦和死亡這些深深的恐懼。而且，在我們的文化中，很多人都渴求身體的觸摸和親密的關係。觸摸治療藉著提供較長時間的同在和得醫治的盼望，填補這些空隙，甚至是在面對慢性疾病或即將來到的死亡時。

還有，治療性觸摸似乎十分有效。坊間的證據令愈來愈多人嘗試這種療法，而且人數迅速增長。提倡者也引述研究，確定治療性觸摸的正面效果。大部分主要的醫學中心都開始談及「恢復身心連繫」，而治療性觸摸必然成為其中一部分。近年才被視為另類療法的東西，一下子在全國都成了主流。[5]

但治療性觸摸和其他能量治療給基督徒一些十分嚴重的困難。雖然有些基督徒提倡以能量為本的理論，他們實行這些治療也可能是出於好意，但卻是十分天真的。因為當中涉及靈性、道德和實際的問題。

涉足神祕領域。與聖經的世界觀相反，大部分觸摸治療的世界觀相信可以操控和控制非位格的能量。雖然理論上能量是非位格的，但很多實踐者都宣稱在默想時接觸到靈體。治療本身有時被視為操控靈體。有些這類治療宣稱由屬靈嚮導、天使或其他存在體引導；另一些治療則源自巫術或神祕的傳統。歸信基督教的信徒，通常最堅定地反對涉足其中。[6]

走歪了的密契主義（mysticism）。很多實踐治療性觸摸的人，在實行這療法所需的默想技巧後，都批評基督徒忽略教會的密契傳統（mystical traditions）。基督教會確實有豐富的密契傳統，隨著科學興起，這傳統受到壓抑。我們可以肯定，我們應該恢復這個傳統內很多東西，並善加利用。不過，不受控制的密契主義，在教會往往引致嚴重的異端和腐敗，並模糊了基督福音的獨特性。心理學家伊利沙伯．希斯特倫（Elizabeth Hillstrom）指出，由瑪赫西大師（Maharishi Mahesh Yogi；譯按：以前香港報章的廣告譯為瑪哈禮師）到好像基督徒密契主義者聖十架約翰（St. John of the Cross）的密契作家，都警告「那些走上密契之路的人，會有瘋狂、受鬼魔欺騙或附身」的危險。[7]傅士德（Richard

Foster）描述真正基督教密契主義的目的：

> 在默想禱告中，不會喪失身分，不會與宇宙的意識融合，不會有奇異的靈體旅行。我們倒是蒙召順服，讓生命得到轉化，因為我們遇到亞伯拉罕、以撒、雅各那位活著的神。基督真的在我們中間，醫治我們，赦免我們，改變我們，給我們力量。[8]

聖經是基督徒密契主義的主要參照點。密契經驗必須由聖經試驗，而不是反過來以密契經驗試驗聖經。在密契主義超越聖經的界限時，它便不再屬於基督教，即使依然保留著基督教用語。

可疑的科學。從科學的角度看，提倡以能量為本的觸摸治療，是在兩個極端之間搖擺。有些人提議完全揚棄科學，宣稱坊間的證據已經足以證明這些療法是有效的。另一些人則使用科學研究來量度治療性觸摸的效用。不過，結果仍然不能下定論。[9]雖然少數提倡者嘗試將這種能量描述為物質（例如電磁場），但大部分人只是假設它是屬靈的，是不能量度的。

以能量為基礎的世界觀不足以解釋為甚麼治療性觸摸似乎有效。治療性觸摸和其他以能量為本的治療的正面結果，卻可以科學地解釋。例如：別人的觸摸和關心的陪伴，以及感到有盼望，都可以引致腦部釋放化學物質，令人放鬆和得醫治。另一方面，愈來愈多研究顯示，治療性觸摸和伴隨的冥想狀態，長遠來說可能對身體和心理有害。[10]

道德問題。使用以能量為本的觸摸還有嚴重的道德問題。如果健康護理的專業人士在未經對方同意下運用這種程序，便明顯違反了專業操守。[11] 即使對方同意，但若對方不完全清楚程序背後的理念或屬靈信念，道德問題仍然存在。個案研究中的護士休將治療性觸摸連繫到教會「按手」的實踐，[12] 是虛假地描述這種治療，損害了病人的屬靈表裏一致（spiritual integrity）。

治療性觸摸和其他以能量為本的觸摸治療，得到護理行業和公眾的支持。經驗是有説服力的教師。那些因為親身參與而確信以能量為本的治療是有價值的人，很可能不會因為我這些論據而動搖。不過，由於涉及重要的神學、道德和實際問題，基督徒必須提防治療性觸摸。

如果我們相信耶穌是通往救恩的惟一道路，福音真的是給罪人的好消息，我們便需要清醒過來，就如以下這個人，他講述自己的經驗。他因為磨牙問題而接受以能量為本的治療。他在《時代雜誌》（*Time*）寫道：

> 我從身心醫藥中得到的比我要求的更多。我得到宗教……它的靈性暗暗抓著我。我不自覺地進行一種實踐，它的核心是數千年的宗教密契主義……我找到的神是摩西和穆罕默德、佛陀和耶穌共有的……它是猶太教神祕哲學所説的 Ayin（譯按：希伯來語和很多閃族語言的第十六個字母，意思是眼睛，也可引申作明白和順從，以及創世記一章 3 節神説要有的「光」）、無有（Nothingness）、無物（No-Thingness）。它是靈、存有、一切。[13]

治療性觸摸不是中性的技巧。在很多方面，它都是偶像崇拜，因為它輕忽地接觸屬靈力量和系統，而神警告我們要避免它們。這種治療不是基督徒恰當的選擇，即使在任何其他方法對垂死的病人都無效時，也不能使用這方法。因為在嘗試為別人帶來短暫安慰的期間，我們可能令對方落入危險的屬靈領域。我們倒可以奉耶穌基督的名，提供教會所有資源——對現由聖經模塑的觀念，祈求醫治的禱告，健康的人際關係，包含關心的觸摸，實際的支持，敬拜的羣體和永恆生命的盼望。

基督教傳統在健康和醫治方面有豐富的傳統。聖經和教會的實踐，將我們指向恩典的途徑和榮耀的盼望，裝備我們進行醫治的工作。聖禮、禱告、抹油、按手、聖靈的恩賜和彼此的鼓勵，讓我們可以有具體的行動，也有神與我們同在的保證。這一切行動都將我們指向神，祂是醫治和盼望的源頭。

基督徒不應該轉向其他信仰系統以尋求另類療法，而應該根據他們在基督裏已經知道和擁有的來行動，並加以宣揚。很多教會都朝這個方向努力，設立教會的健康計劃，幫助人們建立具有支持的關係(有很多擁抱)。醫治事奉邀請人們一對一地禱告、按手和抹油。也有平信徒事奉、牧養關顧和執事事奉，讓教會會友得到個別關心，為面對苦難的人提供重要的個人支持。在信仰羣體那健康關係的這個環境下，人們可以經歷親密帶來的溫暖，以及恰當的身體觸摸。我們也可以溫柔地觸摸我們關顧的人，傳達愛和同在。

註釋：

1. Ashley Montagu, *Touching: The Human Significance of the Skin* (New York, NY: Columbia University Press, 1971), 82～84.
2. Michael E. Phillips, " Appropriate Affection, " *Leadership* 9, no. 1 (winter 1988): 110.
3. Phillips, " Appropriate Affection, " 109～111.
4. Lori Rentzel, *Emotional Dependency* (Downers Grove, IL: InterVarsity Press, 1990), 22～28.
5. 例如：Fred DiCostanzo, " Complementary Care Flows into the Mainstream, " *The Nursing Spectrum* 3, no. 23 (1994): 3。也參 Sandy Brasili, " Recovering the Mind-Body Connection: Diversity in Nursing Care, " *The Search* (publication of the Medical College of Virginia Alumni Association) 45, no. 2 (spring 1996): 7～12。流行的媒體，包括《時代雜誌》(*Time*)、《生活雜誌》(*Life*)、《淑女家庭雜誌》(*Ladies Home Journal*)和大部分本地報章，都著重報導治療性觸摸和其他以能量為基礎的治療。
6. 一個護士的可怕故事可以從 Sharon Beekmann, *Enticed by the Light* (Grand Rapids, MI: Zondervan, 1997) 中找到。
7. Elizabeth L. Hillstrom, *Testing the Spirits* (Downers Grove, IL: InterVarsity Press, 1995), 132.
8. Richard J. Foster, *Prayer: Finding the Heart's True Home* (San Francisco, CA: Harper-SanFrancisco, 1992), 149.
9. Sharon Fish, " Therapeutic Touch: Can We Trust the Data? " *Journal of Christian Nursing* 10, no. 3 (summer 1993): 6～7.
10. Hillstrom, *Testing the Spirits*, 118 ～ 119；也參 Marilyn T. Oberst, " Editorial: Our Naked Emperor, " *Research in Nursing & Health*, 18 (1995): 1～2；Judith A. Turner et al., " The Importance of Placebo Effects in Pain Treatment and Resesarch, " *JAMA* 271 (May 1994): 1609～1164；Deane H. Shapiro Jr., " Adverse Effect of Meditation: A Preliminary Investigation of Long-Term Meditators, " *International Journal of Psychosomatics* 29 (1992): 62 ～ 66；Rochelle B. Mackey, " Discover the Healing Power of Therapeutic Touch, " *American Journal of Nursing* 95, no. 4 (1995)。
11. 在 Mackey, " Discover the Healing Power of Therapeutic Touch, " 29，作者描述一件事件，她為一個沒有知覺的病人施行治療性觸摸。很多實行治療性觸摸的護士都告訴我，他們通常不通知病人，而是在他們睡著或沒有知覺時運用這技巧。
12. 按手首先在舊約出現，在那裏通常是用來給予祝福(參創四十八14)。在新約，除了耶穌(參可五 23，六 5；路十三 13)外，其他人的按手主要是為了按立教會領袖或與聖靈的恩賜有關（參徒六5～6，八18，十三3，十九6）。使徒行傳二十八章8節是一個例外，在那裏保羅用按手來醫治。在使徒行傳四章30節，門徒的禱告假設神伸出祂的手施行醫治。祈求醫治時觸摸著那人，這種做法在教會歷史上一直延續下來，成為很多基督教傳統禮儀的一部分。按手的人的角色是代求，而不是傳達或操控。

13. Marty Kaplan, *Time*, June 24, 1996, 62.

第三部分

關顧關顧者

9

家庭照顧者

貝蒂（Betty）在幾個月前已經知道這個現象。她母親索菲（Sophie）愈來愈糊塗。索菲一直都獨居，也頗能夠應付這種生活。她的房子和前院總是一塵不染。她特別為了自己種植的植物而感到自豪。最近，索菲在小女兒艾麗斯（Alice）工作時替她看管孩子。有一天，索菲兩歲的外孫添米（Timmy）竟然走到馬路上。一個司機嚇了一跳，將車停下，帶添米回到索菲門口。原來她忘記了添米在自己家裏！

一星期後，索菲登上自己的車子，駛到三十五里外。她停下來時，不知道自己在哪裏，也不知道自己從哪裏來。警察在索菲的錢包找到一張紙條，上面寫著艾麗斯的電話號碼，於是打電話通知她。艾麗斯打電話給貝蒂時哭著說：「我們可以怎樣**做**？」

貝蒂單身，在工作上感到不能安頓下來。她感到自己預備好接受轉變，也擔心獨居的母親。她和艾麗斯都不想在這時候把母親送到護理院。因此貝蒂辭去在另一個州的工作，從三百里外搬回家照顧母親。

最初一切都頗為順利。貝蒂享受有額外的時間來閱讀和研究聖經。她可以進行數十個在工作時忽略了的計劃。她在家裏找到有趣的事情可以做，也幫助索菲打理她種植的鮮花和灌木。雖然貝蒂很快便厭倦了重複地聽母親說同樣的故事，但她學懂假裝感興趣，實際上卻不認真地聆聽。不過，當她告訴母親一些重要的事情，但過了十分鐘後母親又問她同一件事時，她確實感到厭煩。但大部分時間，索菲都是愉快和容易應付的。貝蒂會帶索菲去購物、探訪朋友和上教會。

隨著索菲的情況繼續惡化，她的體力開始衰退，不能走得太遠。有一段短時間，輪椅可以給她幫助，但不久她在公眾場合卻出現搗亂的行為。貝蒂不再外出，除非艾麗斯可以接替她看管母親幾小時。不過，由於艾麗斯有全職工作，又忙於照顧家庭，她能夠騰出的時間實在相當有限。

貝蒂開始感到在家裏好像囚犯。她在社區中只有很少朋友，而他們全都有全職工作。甚至教會都似乎與她二十年前搬走時不同。牧師來探訪過一次，但貝蒂感到與他不夠熟絡，不能夠向他透露自己的擔心。因要照顧母親，令她難以參與教會任何小組活動，也難以與教會其他人建立關係。甚至鄰居也是新搬來的，不與別人交往。

你認識多少個好像貝蒂這樣的人？在這個管理式醫療的時代，福利愈來愈少，很多照料家人的照顧者都發覺自己被困家中，獨自承擔沉重的擔子。加拉太書六章2節告訴我們：「你們各人的重擔要互相擔當，如此，就完全了基督的律法。」耶穌清楚指出「基督的律法」是甚麼：「你要盡心、盡性、盡意愛主——你的神。這是誡命中的第一，且是最大的。其次也相仿，就是要愛人如己。」（太二十二 37～39）

我們可以怎樣好像愛自己一樣，愛在教會和社區中那些照料家人的照顧者？我們可以有一些具體的行動，向他們表達愛，但這些行動全都需要很大的憐憫和委身。首先，我們可以給他們喘息的機會——讓照顧者可以離開幾小時。其次，我們可以給予友誼和支持。第三，我們可以幫助照顧者明白自己，以及自己照顧的人的需要。第四，我們可以留意教會和社區有甚麼資源滿足我們看到的需要。

提供喘息的機會

伊萊恩（Elaine）是六十多歲的寡婦，她照顧著中風及九十歲的母親哈麗雅特（Harriet）。伊萊恩需要很大的體力。中風令哈麗雅特左半身癱瘓，影響她的說話能力和情緒。雖然她仍然能夠說話，但她說的很多話都不恰當，也很難明白。如果伊萊恩不立即回應她的要求，她會拍打桌子，呼喝伊萊恩，然後失控地哭泣。伊萊恩發覺自己以牙還牙地對待哈麗雅特，她因為自己這樣做而怨恨自己。

鮑勃（Bob）和金妮（Ginny）兩夫婦是伊萊恩和她丈夫多年的朋友。在伊萊恩感到特別困難的一天，兩人到訪。伊萊恩向他們傾訴自己的挫敗。接著哈麗雅特喊叫伊萊恩到她睡房照顧她。伊萊恩走開時，鮑勃和金妮談論她的情況。兩人都感到伊萊恩的處境似曾相識。因為他們在家裏照顧過鮑勃的母親多年，曾經有同樣的挫敗。兩人想出一個計劃。

伊萊恩回來時，向他們深深地致歉。但鮑勃告訴她：「伊萊恩，我們覺得我們可以幫你。以前我們照顧過我媽媽，所以伯母的需要不會嚇怕我們。我們也認識了她多年，所以我相信我們不會令她感到不自在。這個下午我們沒有甚麼特別的事情要做。不如你駕車去買些東西，或者花幾小時做你喜歡的事吧。你外出時我們會留在這裏。而且只要你同意，我們可以逢星期二下午都這樣做。」

可以外出令伊萊恩感到完全不同。她感到前所未有的自由，可以重整自己的情感反應。回到家裏時，她對母親更有耐性。期待下星期的喘息機會，令她可以支持下去。突然間，她不再感到被困。

聖詹姆斯教會（St. James Church）的馬克．亨利（Mark Henry）牧師設計了另一種做法，為會友提供喘息機會。他知道有幾個會友要照顧年長的父母或患了腦退化症的配偶，他們都感到被困和挫敗。馬克在教會組織了一個喘息合作小組，連同一羣婦女，她們每星期聚集一起縫紉。她們也預備午餐和小食，以及安排簡單的娛樂節目，例如聖詩獻唱，即興四重唱，以及幼稚園小孩的表演節目。照顧者帶他們照顧的家人來，並輪流留下來照顧這些家人，或者善用這段自由時間。留下來的人喜歡與其他照顧者一起，又可以暫時脫離單調的例行事務。

有弱能孩子的家庭也十分需要喘息的機會。琳達．特雷洛爾（Linda Treloar）有一個弱能的女兒。她解釋說：

在喬伊（Joy）十歲時，我們搬到亞利桑那州（Arizona）。雖然比較溫暖的氣候讓我們的女兒可以坐著電動輪椅更自由地活動，但卻沒有甚麼其他事情讓我們的家庭有正面的成長。多年以來，我們都很少有約會，很少在晚上外出，也很少度假。為甚麼？因為弱能的人有身體上的需要，往往需要人們移動和使用特別設備。人們害怕自己的照顧技巧不足，或者在移動弱能人士時會弄傷自己。家人也害怕如果照顧者受傷或聲稱受傷，照顧者會控告他們。

即使有暫託服務，但它們也十分有限。它們可能包括在有關人士的家中提供照顧，但也可能不包括這種服務。它們可能只是陪伴者，並不提供任何實質的身體照顧。一般家庭都負擔不起雇用由中介公司提供的照顧者。除非家庭有更大的支援系統，有人願意或能夠提供所需服務，容許健全的家庭成員外出一晚，或短暫度假，否則他們便沒有這種機會。我的夢想是有天教會可以以具體的方式，提供廉價的暫託服務，接觸有弱能成員的家庭。[1]

教會和社區**可以**做甚麼來提供讓人喘息的機會？琳達表達的關注，對主動提供幫助和需要幫助的家庭都是十分真實的。我父親在中風後不能外出，他朋友吉恩（Gene）每星期都忠心地帶他參與扶輪社（Rotary）的聚會。那可以讓我母親好好休息，但爸爸上落輪椅都需要人幫忙。一天，吉恩在幫助爸爸上車時扭傷了背部，經過幾個月才康復，於是他不再接送爸爸。照顧弱能的人需要知識和技巧。如果義務照顧者或弱能人士受傷，教會也可能要負上法律責任。教會護士可能可以教導照顧者適當的搬動技巧，以及指示義工他們在參與時，在法律上的限制。

教會和與教會有關的機構在很多方面都提供有限的暫託服務，但這通常都不包括身體上的照顧。與我教會有聯繫的機構提供覆診的接送、購物、陪伴、膳食和屬靈支持，但不能提供任何身體的照顧。不過，甚至這樣有限的服務也可以讓負擔過重的照顧者大大鬆一口氣。義工接受簡短的介紹和訓練，大部分都在事奉中感到深邃的委身和滿足。

有些教會以會眾中的基督徒護士和家居健康助理，開展本身的家居護理機構。有時一些在教會裏聚會的護士，特別是那些沒有全職護理工作的護士，會很願意義務提供短期照顧。比起嘗試提供需要專業才能或大量訓練的直接服務，或許更明智的做法是成立基金，讓教會可以為偶然「在晚間外出」的人提供資助，支付找照顧者提供護理服務的費用。

好像漢德福音事工（Handi*Vangelism）和玖妮友伴事工（Joniand Friends Ministry；簡稱 JAF Ministry）[2]這樣的團體，提供很好的機會給弱能兒童參加夏令營和退修會。當孩子在安全的環境中享受與其他兒童一起時，父母可以趁機真真正正地去度假。

避免孤立

大部分照顧者最終發覺自己變得孤立，遠離朋友、鄰居和外面的世界。照顧家人不單用盡他們所有時間，也消耗他們的思想和情感。同情和憤怒莫名其妙地混合在一起，可能令孤立變得更嚴重。照顧者在照顧家人中迷失自己時，可能令自己的朋友感到彆扭和不自在。他們朋友那種自由自在和表面上毫無問題的生活，也可能令照顧者妒忌或鄙視。

埃倫(Ellen)與一羣女性朋友每個月都一起吃午餐。她們通常一起做手工藝，也花時間一起禱告。埃倫的丈夫赫布(Herb)在車禍後變成傷殘，這個羣體付出額外的努力，設法不遺漏埃倫。有時一個成員的丈夫會陪伴赫布，讓埃倫可以外出。有時她們則在赫布和埃倫家裏聚會。不過，隨著時間過去，埃倫發覺自己與朋友沒有甚麼可以傾談。她們都忙於與丈夫及其他同伴外出。她們的話題往往是最近的旅行或計劃下一次刺激的歷險。但埃倫的日常事務很少變化。她每天照顧赫布。所有日子混在一起，形成漫長、累人的例行公事。埃倫的世界只限於房子的範圍，以及偶然到藥房和超級市場。最後埃倫告訴朋友，她不想再與她們聚會。

不過，埃倫參與附近一間教會的照顧者支援小組後，她的看法有很大改變。她第一次發現其他人也有同樣的感受和處境。她傾吐自己的心事，發覺每一個人都可以認同她面對的困難。他們也分享自己的故事，包括怎樣度過困境，找到幫助自己的資源，以及克服自己的憤怒和怨恨。他們也彼此代禱，那種禱告是只有真正明白的人才能夠發出的。小組幫助埃倫明白，外出做自己喜歡的事情，長遠來說對赫布有幫助，因為這樣可以令她照顧赫布時精神煥發，不會因為將自己孤立而感到怨恨。

你可以在哪裏找到支援小組？很多地區醫院、機構和教會都有支援小組，為照顧者和有不同需要的人士而設，這些需要包括腦退化症、長期弱能、毒品和藥物濫用、愛滋病人或帶菌者、多發性硬化症、慢性疲勞綜合症、精神病和癌症等。你通常可以很容易透過聯絡牧師、教會護士或醫院，或者本地電話簿找到這些小組。基督徒支援小組特別有用，因為照顧者會得到禱告的支持和聖經的鼓勵，以及朋輩的支持。不過，任何支援小組都比完全沒有更好。

如果你的社區沒有照顧者的支援小組滿足你的需要，你可以考慮開始一個這樣的小組。第一步是找出需要。誰可能從小組中得益？列出你認為甚麼人可能欣賞支援小組的。與他們傾談，找出他們的興趣和關注。接著找其他人幫忙。你需要一個接受過帶領支援小組技巧訓練的人作為推動者，也需要一羣義工在照顧者聚會時提供暫託服務。你也可能需要在羣體中找合適的人，是能夠提供教育和在地區上聯繫其他服務的。有些照顧者可能需要運輸工具。有些人可能不懂駕駛；還有些人不大願意獨自外出。一旦支援小組給組織起來，它便可以透過教會的週刊和通訊、進行探訪的護士、其他家居護理機構、醫院和醫務所宣傳。

承認需要

肯（Ken）和莉薩（Lisa）最初同意讓八歲的梅利莎（Melissa）在他們家裏寄養時，整個教會都熱切地支持他們。梅利莎在本身的家庭受到性侵犯，她也嚴重自閉，需要別人不斷的關注。她來到兩人家裏時，只有身上那套破爛污穢的衣服。消息傳開後，教會收集了大量舊衣服和一些可愛的服裝給梅利莎。一個有提供特殊教育資格的主日學教師同意個別教導梅利莎，嘗試令她融入小學部。

但梅利莎並不合作。她在主日學嚇怕其他小孩。其中幾個小孩不再來主日學，留下來的也不善待梅利莎。最後，莉薩認為讓梅利莎的行為干擾整個小學部，對其他人並不公平。於是她把梅利莎留在家裏，與肯輪流參加主日崇拜。但莉薩和肯都不喜歡獨自參加崇拜，所以最終兩人都停止參加崇拜。他們對梅利莎的委身持續，最終收養了她，但教會的人卻不知道。

太多時候，照顧者悄悄地離開教會羣體，因為要參加崇拜和參與教會聚會實在太不容易。「眼不見，心不煩」(out of sight, out of mind)這句老話往往是真的。幾年前，我參與一個委員會，目的是考慮怎樣令教會的建築物能更便利弱能人士，讓他們更容易來到。一個委員會成員為教會的多數派發言，他說：「為甚麼我們需要有斜坡？根本沒有人坐輪椅來參加崇拜！」我們當然沒有這樣的人——即使他們來到，也不能進入教會的建築物。

弱能人士和照顧者的需要可能並不明顯。很多人乾脆不再來。另一些人則勇敢面對。他們每星期都努力到教會，因此沒有人認為他們特別有需要。有時他們會變得脾氣愈來愈壞，愈來愈隱蔽，令其他人傾向躲避他們。

基督徒照顧者往往還要面對罪疚感這個負擔：他們認為在面對別人巨大的需要時，他們照顧自己的需要是自私和不合乎基督徒原則的。在承認照顧者的需要這方面，部分的挑戰是營造一種支持的氣氛，讓他們安心地表達自己的憤怒、挫敗和個人需要。

以下是一些幫助疲累的照顧者的好方法：

1. **在有長期病患者或弱能人士的家庭不再參加教會活**

動時探訪他們。要經常去，而且不要停止。小心地聆聽，並提供屬靈關顧。你懷疑別人有需要或感到擔心時，往往可以在禱告中提出。例如：如果你感到照顧者因為對有諸多要求的患病妻子感到不耐煩而內疚，你可以禱告說：「主啊，我們感謝你，因為你明白，一天復一天地照顧別人，而又不會變得不耐煩，是多麼困難的事情……」這容許照顧者講述他的感受，因為他知道你不會感到震驚或責備他。

2. **提供安全的環境，讓參加教會聚會的照顧者坦白地講出自己的感受**。每個月的第一個主日崇拜後，教會的幾個護士都在主日學課室設立護理站，替會友量血壓。雖然監控血壓是重要的，量血壓期間的談話比身體的得益更大。這樣可以提供機會，讓會友談論他們對自己的健康最擔心的問題。很多時，照顧者來討論家人的健康需要，但結果卻說出自己的健康問題。最終我們討論他們有甚麼選擇，並考慮各種不同做法。
3. **要毫不猶疑地問：「我可以怎樣幫助你？」**你可能需要更具體地提供一些選擇。例如：「你去商店購物時，我可以陪伴喬（Joe）嗎？」「我可以為你去取一些雜貨嗎？」「我們今晚燜了一鍋很美味的肉和菜，我預備了太多，我可以拿一些給你和埃絲特（Esther）嗎？」「我今天可以怎樣為你禱告？」
4. **閱讀是能夠幫助你明白別人需要的材料**。有類似經驗的人寫的書——特別是那些因信仰而得到幫助的人所寫的；以及防癌會（Cancer Society）、心臟協會（Heart Association），以及其他信譽良好的團體的小冊子都可以幫助你預測別人的需要。如能敏銳地與照顧者分享這些資料，這些資料可以提供有用的話題。例如：你可以說：「這本小冊子提到照顧者往往感到不勝負荷。你有過這種感覺嗎？」

5. **知道甚麼時候後退**。別人承認你對他們有幫助和慷慨時，你也可能感到吃不消。要學習定下界限——知道甚麼時候可以說不。要找支援，不要讓自己孤軍作戰。服事別人可能給你快樂和滿足感，但你也需要安排玩樂和放鬆的時間。也不要因為照顧別人而忽略自己的家人和朋友。

幫助的來源

最重要的是，要記得你並不孤單。要熟悉你社區中的資源。要認識負責不同社區服務的人，讓你可以適當地將別人轉介給他們。幫助他們與人們取得聯繫。你自己也可以找一個支援小組。教會護士通常會定期聚會，互相支持。這些小組往往由地方醫院、教會或護士自己組成的。基督徒護士團契[3]的小組會聚集一起查經和禱告，也接受持續教育。社區義工組織往往每個月都有聚會，義工可以討論他們關注的事情，並彼此支持。有些教會的義工事工是系統性的，例如司提反事工機構（Stephen Ministers），[4]這些事工通常提供禱告、查經和進一步接受訓練的機會。

在找尋本地支援小組、資源和服務後，你也可以找出全國和國際上有甚麼機構為照顧者提供幫助的。互聯網幾乎每天都提供很多這樣的機會。你可以搜尋支援小組，收集關於特定情況或機構的資料，進入「聊天室」，與別人分享你的關注。不過，你也會找到很多不可靠的資料和古怪的治療方式，所以要提高警覺，慎思明辨。

註釋：

1. Linda L. Treloar, " Lessons from Joy: Living with Disability, " *Journal of Christian Nursing* 15, no. 2 (spring 1998): 11.
2. BCM International (USA), 237 Fairfield Ave., Upper Darby, PA 19082；電話：(610) 352-7177；BCM International (Canada) Inc., 798 Main Street East, Hamilton, Ont. L8M 1LA。JAF Ministries, P.O. Box, 3333, Agoura Hills, CA 91301, 為有弱能人士的家庭提供退修和其他資源。玖妮友伴事工（JAF Ministries）的網頁提供其他供弱能人士使用的退修場地資料：http://www.jafministries.com/helps/needhelp.htm。
3. 有關進一步資料，聯絡Nurses Christian Fellowship, P.O. Box 7895, Madison, W1 53707-7895；電話：(608) 274-4823，內線 402；電郵：ncf@ivcf.org；網頁：http://www.ncf-jcn.org。
4. Stephen Ministries, 2045 Innerbelt Business Center Dr., St. Louis, MO 63114-5765；電話：(314) 428-2600；網頁：http://www.stephenministry.org/。

10

照顧自己

凱文(Kevin)筋疲力盡地倒在客廳的沙發上。上星期似乎沒有盡頭，又充滿危機。他整個星期沒有一晚睡得夠。他是紀念醫院(Memorial Hospital)裏惟一的空勤護士，每天二十四小時隨時候命。他連續工作了九天，沒有休息過，每晚都要起來應付緊急事故。一個意外場面特別令他揮之不去。五個高中生坐在一輛小汽車，高速撞向一部拖車。三人當場死亡。由直升機送到創傷中心(trauma center)的兩個傷者則情況危殆。其中一個傷者在第二天去世，另一個傷者吉米·馬洛伊(Jimmy Malloy)則一直與死神搏鬥。兩個年青人都來自凱文的教會。凱文陪伴他們乘坐直升機。他每天都探望吉米，支持吉米和另一人那非常害怕、傷心欲絕的父母。

凱文拿起電視遙控器時，他兩個讀幼兒園的孩子走到客廳，坐到他懷裏。四歲的阿曼達(Amanda)說：「爸爸，來看我的賓尼兔吧！」

三歲的內森(Nathan)抱怨說：「沒有人替我盪秋千。」

他太太梅瑾(Megan)從廚房中要求說：「老公，我們沒有牛奶了，你可以在晚餐前去雜貨店買一加侖回來嗎？」

凱文問孩子是否想乘車到外面走一回時，心裏卻暗暗抱怨。他晚餐後要回教會開執事會，他實在很想在晚餐前一個人好好放鬆一會。但現在似乎不能這樣了。

凱文對執事會感到害怕。他知道其他執事會追問他車禍的詳情及吉米的情況。如果吉米度過危險期，他也會嚴重傷殘。凱文甚至不想去想這件事，但服事吉米和他家人是執事的責任，所以他需要振作起來，引導和支持其他人。

凱文終於勉強來到執事會時，已經遲了十分鐘，大家已經討論得很熱烈。他一走進房間，大家便靜了下來。兩個執事在門口迎接他，與他擁抱。凱文坐下，執事會主席蘭迪（Randy）同情地看著他。「凱文，這個星期對你來說實在很艱難——你怎樣了？」凱文講述前幾天的事件時，哭了起來。

他的朋友耐心地聆聽，鼓勵他繼續說下去。最終蘭迪提議，大家圍著凱文，為他按手禱告。後來他們開始制訂一個計劃，分擔支持吉米和死去的男孩這兩個家庭的擔子。凱文回到家裏時已經疲憊不堪，但卻出奇地感到精神煥發。他知道自己並不孤單。在這裏有人關心他，支持他的事奉。

在敬拜羣體中找到支持

大部分在北美成長的基督徒都十分重視嚴格的個人主義和自主。雖然聖經確實強調信仰的**個人**性質，但神從來不想信仰成為**獨立**的實踐。沒有自主的基督徒這回事。我們蒙召加入羣體，蒙召實踐 *shalom*（平安）。

我們看初期基督徒時，看見他們以羣體的身分回應危機。耶穌死後，祂那些害怕的門徒在一個房間聚集。「那日（就是七日的第一日）晚上，門徒所在的地方，因怕猶太人，門都關了。耶穌來，站在當中，對他們說：『願你們平安（*shalom*）！』」（約二十19）

在門徒絕望時把他們聚集在一起，給他們情感上的支持；也預備他們迎見耶穌。如果耶穌只向一兩個人顯現，其他人可能不相信他們的話。而且在那一刻的激動過後，獨自看見祂的人可能以為自己只是想像力太豐富——或許那只是他們一廂情願的幻想。聚集在一起的羣體經歷神的同在，讓我們一起驗證信仰事件，增強那些事件的真實性。我們傾向被困於每天急迫的生活中，看不見神的同在和優次。與敬拜的羣體一起，可以更新我們的盼望。

在耶穌復活後的日子，很可能是這種需要令門徒聚集在一起。這個故事在使徒行傳中延續。「五旬節到了，門徒都聚集在一處。忽然，從天上有響聲下來，好像一陣大風吹過，充滿了他們所坐的屋子，又有舌頭如火燄顯現出來，分開落在他們各人頭上。他們就都被聖靈充滿，按著聖靈所賜的口才說起別國的話來。」（徒二1～4）他們在那地方**聚集**時，得到能力出去奉基督的名事奉。我們需要敬拜羣體接受聖靈的能力和感動，藉以關顧別人。

這事奉往往為初期的門徒帶來很大的麻煩。在使徒行傳四章，彼得和約翰因為奉耶穌的名施行教導和醫治而被捕。他們獲釋後，立即去到朋友那裏，告訴他們大祭司和長老警告他們不要再奉耶穌的名說話。

他們聽見了，就同心合意的高聲向神說：「主啊！你是造天、地、海，和其中萬物的，你曾藉著聖靈，託你僕人——我們祖宗大衛的口，說：

外邦為甚麼爭鬧？
萬民為甚麼謀算虛妄的事？
世上的君王一齊起來，
臣宰也聚集，
要敵擋主，
並主的受膏者。

希律和本丟·彼拉多，外邦人和以色列民，果然在這城裏聚集，要攻打你所膏的聖僕耶穌，成就你手和你意旨所預定必有的事。他們恐嚇我們，現在求主鑒察，一面叫你僕人大放膽量講你的道，一面伸出你的手來醫治疾病，並且使神蹟奇事因著你聖僕耶穌的名行出來。」禱告完了，聚會的地方震動，他們就都被聖靈充滿，放膽講論神的道。

那許多信的人都是一心一意的，沒有一人說他的東西有一樣是自己的，都是大家公用。使徒大有能力，見證主耶穌復活；眾人也都蒙大恩。內中也沒有一個缺乏的；因為人人將田產房屋都賣了，把所賣的價銀拿來，放在使徒腳前，照各人所需用的，分給各人。（徒四 24～35）

這個羣體中有甚麼事情發生？首先，這是一個**避難所**。彼得和約翰知道自己會找到支持，他們在聚集的教會中的事奉也會得到支持。他們受到歡迎和庇護。第二，他們在**禱告**中立即得到支持。這禱告不單祈求神的幫助，也在記起祂過往的作為時承認祂的能力和應許。單單這樣已經可以提供方向和鼓勵。第三，他們訴諸**聖經**，將注意力集中在客觀的話，而不是自己對現實的看法。第四，他們集體經歷**聖靈的能力**。這不是神聖的祕密聚會！令彼得和約翰惹官非的那種膽色，變成了感染力。他們來尋求庇護，結果卻與一羣有能力的人一起出去。最後，他們照顧彼此的**物質需要**。這是整全的羣體，不是「單在主日聚集」的人羣。他們對彼此的需要敏感，提供彼此支持所需要的東西——包括日常生活和事奉。

隨著故事在使徒行傳展開，我們看見這個關顧的羣體擴展到其他領域。保羅預備離開以弗所時，他在海邊與教會的長老見面。「保羅說完了這話，就跪下同眾人禱告。眾人痛哭，抱著保羅的頸項，和他親嘴。叫他們最傷心的，就是他說『以後不能再見我的面』那句話，於是送他上船去了。」(徒二十 36～38)

如果我們要關心別人的屬靈需要，我們必須找一個在事奉中鼓勵和支持我們的羣體。如果你還未屬於任何這樣的羣體，便要開始找一個定期聚會的小組。你可能需要自己開展一個。在你自己的教會裏，你可以自己建立一個關顧者的支援小組，一起查經、禱告和分享。基督徒護士團契的小組在世界各地聚會。這個團契也為護士提供查經指引、書籍和《基督徒護理期刊》(*Journal of Christian Nursing*)、持續教育和退修。[1] 其他團體包括教會護士支援小組、司提反事工機構、基督的護士 (Nurses for Christ)、醫院護士團契 (Hospital Christian

Fellowship）和宗派事工支援小組。無論你做甚麼，不要試圖單獨實行任何關顧事奉。

找尋師傅

除了整個敬拜羣體外，我們在新約也見到一個模式——較有經驗的基督徒教導年青的信徒。無論使徒保羅到那裏，他都帶著別人，一方面與他們團契，另一方面也訓練他們，這些人包括巴拿巴、西拉、百基拉和亞居拉、提摩太、菲比和很多其他人。他也透過書信與他們保持聯絡。他寫信指導提摩太：「你在許多見證人面前聽見我所教訓的，也要交託那忠心能教導別人的人。」（提後二2）

最理想的是，師傅應該是成熟的基督徒，是你經常見到的，因為我們從師傅身上學到的東西，大多數是「受感染，而不是受教導的」。但指導不是自然發生的，那是刻意的關係，師傅認真地看待這個角色，尋找機會給予引導、培育，並在需要時提出糾正。徒弟也認真地看待這關係，尋求引導，透露自己的關注，並要求師傅給予批評。

桑迪（Sandy）是我在教導方面的師傅。我看著她教導別人時，因為她精於運用例子，技巧地透過深思的問題引導討論，而使我著迷。她十分關心學生，為了令他們成功，往往付出額外的努力。她的學生都十分尊重她。雖然我們現在是同事，我以前也是她的學生。我第一次教導研究院課程時，桑迪來聽我授課，每次下課後都與我評估我的教導。我做得好的地方，她鼓勵我；我有需要改進的地方，她挑戰我。我第一次批改論文，衡量每一篇論文的長處和弱點，為公平地評級而苦苦掙扎時，她細心聆聽。她從來不告訴我應該怎樣做，但卻幫助我考慮當中涉及的所有因素，然後在那些困難的決定中支持我。

在屬靈關顧中找到師傅，可以緩和你感到的擔憂。我和吉爾（Jill）一起任職護士時，她要求我成為她的師傅。吉爾是委身的基督徒，但她從未試過與病人一起禱告，也沒有勇氣在工作時談論屬靈的問題。開始時，我邀請她在我檢查米亞理姆（Miriam）時陪伴我。米亞理姆那時六十歲，患有乳癌，而且癌細胞已經擴散。我們整理米亞理姆的牀單，檢查她的靜脈注射裝置，並停下來和她交談。米亞理姆明顯感到痛楚，雖然她剛接受了一劑醫生處方的麻醉藥。我溫柔地握著她的手，問她覺得怎樣。她呻吟著說：「我只希望主帶我回天家。」我利用她這句話作引子，討論她與主的關係，以及她的信仰怎樣在那些艱難的日子支持她。然後我主動提出在她牀邊為她禱告。

我們離開病房時，吉爾說：「那很容易！我想我也做得到——我只是不知道在專業的環境下這是可以接受的。」

第二天，吉爾要為希爾達（Hilda）新切開的氣管進行抽吸。希爾達十分緊張，似乎迫切地要控制這程序，反倒令整個程序難以進行。吉爾細心地解釋每個步驟，但每當她嘗試抽吸時，希爾達都抓著她的手，要將她推開。在這期間，希爾達氣管的黏液在翻動，情況有點危險。最後，吉爾說：「我在進行這程序前，為你和我祈禱，會不會有幫助？」希爾達用力地點頭。吉爾握著她的手高聲禱告，要求神幫助她們兩人放鬆。希爾達明顯平靜下來，吉爾可以很快將黏液抽走，令希爾達很放心。

後來吉爾在護士站找到我，眼中充滿喜悅地告訴我：「我成功了！我成功了！那並不困難！」她對我講述整件事。在檢討剛發生的事時，她想到她在開始時可以怎樣以不同的方式與希爾達接觸——並驚歎禱告怎樣令她與希爾達的交往改變。吉爾對屬靈關顧感到更自在時，我們在護士站討論不同的做法。其他職員開始聆聽我們的討論，也參與提供屬靈關顧。

在師徒關係中，生命和日常經驗都成了教科書。這種指導沒有固定的課程，不過卻可能有界限。師傅並不干預，而是作榜樣。大部分時間，徒弟制訂議題，師傅分享源自經驗的智慧。有時師徒關係會成為雙向的事情。例如：林恩（Lynn）剛完成護士訓練，她要求米利（Millie）在護理上作她的師傅。米利當了護士三十年，但信主不久。林恩自小就是基督徒，以她的年齡來說，靈命算是很成熟，因此米利要求林恩在信仰上指導她。她們每星期六早上一起喝咖啡，檢討一星期的生活，彼此學習，一起查經和禱告。

科技也令遙距指導變得可能。我有一個在韓國的朋友要求我作她的師傅。我們很少見面，但經常以電郵溝通。她將自己的目標發給我，徵求我的意見，也將她面對的情況通知我。我問她問題，偶然給她一些意見，或提供一些資源。我自己也有幾個電郵師傅，他們是我敬重的人，我在面對困難的情況時，可以很快發一個信息給他們，在短時間得到他們回應。

電郵有幾個好處。寫下來的信息容許師傅在回應前先思想和禱告。電郵也比即時談話能更清楚地傳達信息。不過，在某些時候，聽到對方的聲音或對方實際與自己一起似乎是必須的。電郵不能好好傳達人的感情，也可能唐突和直率。如果對方激動，便要用電話交談和安排見面。

用電話提供指導雖然比電郵更昂貴，但卻可以令那些喜歡用言語溝通的人感到更自在。我朋友斯基普（Skip）居住在千里以外，但她要求我成為她的師傅和禱伴。我們逢星期三早上用電話聯絡，檢討過去一星期的事情、傾談和禱告。她也是剛起步的作家，所以我同意透過書信和電郵培養她的寫作技巧。

誰是你的師傅？如果你沒有師傅，誰是你仰慕的人——特別是那些擁有一些技巧，是你想培養的？可以考慮邀請一人成為你的師傅。為你們一起的時間定下目標。找出你想向師傅學習甚麼，以及想怎樣學習。你會否親身跟隨師傅，觀察她怎樣做？你會否想他觀察你怎樣做？你會否保存一本札記，供大家一起檢討？你們會否一起禱告和查經，還是只會會面傾談？要決定定期會面的時間和地點。你們也可以定下師徒關係的時限，為彼此的委身設定界限。那關係會維持六個月？一年？還是沒有限制？

現在停下來祈禱，求問主是否想你進入師徒關係。當你想到一些有可能成為你師傅的人時，為他們禱告，求神引導你找出合適的人。懷著禱告的心定下一些目標。然後勇敢邁出一步，要求某人成為你的師傅。

照顧自己

雖然我們好像是一個身體那樣，要互相倚靠和發揮功用，但每個人都有責任照顧自己。或許我們可以從飛機機艙服務員的指示中學到一點教訓，他們告訴我們：「遇有緊急事故，氧氣罩會自動從上面掉下來——請確保你自己將氧氣罩戴好，然後才幫助別人。」沒有氧氣或死去的照顧者不能對別人有甚麼幫助。同樣，如果我們身體、情感或靈性衰殘，便不能有效地照顧別人。耶穌命令我們「要愛人如己」（太二十二39）時，祂假設我們會愛自己。愛自己包括照顧自己身體、情感、精神和靈性的需要。

首先，我們需要照顧自己**身體的健康**——做母親灌輸給我們的事情，好像有正確的飲食習慣，有充足的睡眠，做運動，定期檢查身體和牙齒。我總知道自己甚麼時候違反這些原則。有時，壓力和期限迫在眉睫時，我逼自己長時間坐在電腦前面趕快完成工作。我沒有時間預備有營養的食物，於是我們外出吃快餐。我也不會自自然然做運動。我上牀休息時，腦筋仍在急速運轉。我早上的靈修時間變成思想自己「有待完成的工作」。不用多久，我便開始向家人和朋友發脾氣，血壓和體重開始上升，背部也疼痛僵硬。這個模樣的我對任何人都沒有好處。相信我吧！照顧自己的身體需要，就是善待你愛和服事的人。

情感需要和身體需要是緊密相連的。身體受虐待時會令人陷入抑鬱，增加焦慮，引發一些會進一步傷害身體的感覺和行為。我曾經受一些嚴重的健康問題困擾，開始過分專注於那疾病，以致生命也似乎消耗於其中。

一個好朋友溫柔地提醒我：「朱迪思，現在是春天——到外面享受一下鬱金香的芬芳吧！」我開始每天到外面走幾里路，享受四周的美麗，與神傾談，呼吸新鮮的空氣。不用多久，我便重尋方向，再次感受到神的同在。身體也開始得到醫治。

照顧自己情感的需要包括過均衡的生活。安排娛樂時間是重要的；我們不單需要工作，也需要玩樂。雖然耶穌事奉的時間表排得密密麻麻，但他仍花時間與朋友一起，享受聚會，也獨自到曠野。他知道怎樣説不，藉以對應該做的事情説好。

我朋友傑夫（Jeff）提到他發覺自己陷於嚴重的情感低谷中。他就是不能鼓起事奉的熱誠，但他仍然繼續做下去。他愈努力工作，就愈沒有成功感，於是他便更努力工作。他感到內疚，於是花很長時間禱告，承認自己感到十分失敗。他花額外時間研經，閱讀有鼓舞作用的書籍。但這一切都沒有幫助。最後，他那自稱為無神論者的鄰居「引誘」他參加社區的籃球比賽。傑夫喜歡打籃球，但已經多年沒有做這運動了。他認為這是傳福音的機會，所以認為加入籃球隊是合理的。參加了第一場比賽後，傑夫感到很興奮——也很疲倦。回到家裏後，他好好睡了一覺，這是多個月以來都沒有的。他醒來時好像一個「新造」的人。

你喜歡以甚麼為娛樂？要記錄在行事曆上，預早計劃，確保你會實行。即使正職和義務工作似乎將你耗盡，也要花時間玩樂，與家人和朋友一起，也要讓自己恢復精神。

當你感到自己嚴重和極度地有情感需要時，你便要接受輔導。如果基本需要得到滿足，或者環境改變了，這仍然不能令我們脫離情感困局，我們便需要尋求專業幫助。甚至基督徒也會患抑鬱症，或很多其他精神或情緒疾病。尋求幫助並不表示我們軟弱或有罪，而是表示我們有力量和智慧，尋求我們需要的幫助，以應付那些情況。

如果我們要有效地發揮作用，我們也要滿足**知識上的需要**。我們永遠都不應該停止刻意的學習。想一想你以甚麼方法學習得最好，定下一些具體的目標，是既能夠裝備你的事奉，也是你享受的。參加學習關顧或園藝的課程。閱讀書籍和期刊。細心思想你應該定期閱讀甚麼期刊。在駕車時聆聽錄音帶。看會擴闊你知識，或為你帶來歡樂的錄影帶。與沒有甚麼興趣的人一起不會有多大樂趣。要享受學習！同時，你可能發現你對模型火車或種玫瑰花的興趣。這便打開了一道門，讓你服事有同樣嗜好的人。

最後，我們必須維持健康的**屬靈生命**，才能滿足別人的屬靈需要。我們的文化以工作為導向。我休息時通常感到內疚，努力工作時卻感到理直氣壯。人們從小便將工作的美德灌輸給我。我學習時，受到別人稱讚；但當我坐下來閱讀一本有趣的書時，人們卻叫我做一些有建設性的事情。我們的朋輩也增強我們的工作倫理。如果有人問我們最近怎樣，我們會自豪地抱怨說：「最近忙得要死！」但神並不欣賞我們被工作奴役後還自以為義。相反，以賽亞書三十章 15 節說：「你們得救在乎歸回安息；你們得力在乎平靜安穩」。

我們要歸回哪裏？首先，當然是回到神那裏。我們那麼專注於自己的忙碌，以致我們忽略了花足夠的時間禱告、讀經和敬拜。馬丁．路德（Martin Luther）曾經說：「我有那麼多事情需要做，以致每天不花三小時禱告，便不能繼續下去。」我們大部分人傾向有相反的想法。但我們往往因為沒有求問過主甚麼事在祂眼中才是重要，以致在無用的活動中瞎忙。

有時我們需要回到周圍的人那裏。我們需要與他們一起，聆聽他們，關心他們，而不是只顧做自己的事。我們很容易制訂一個關顧別人的大計劃，但其實他們真正想要的只是我們花五分鐘時間，集中精神注意他們。

我們也要歸回休息。休息而不感到內疚。神想我們暫停工作和解決問題。祂知道我們的身心都需要時間更新和重整。祂創造我們成為這樣的人。如果我們忽略神要我們守安息日的命令，就是自欺，也欺騙祂。事實上，如果我們認真地讓自己有足夠休息，我們會更富生產力。歷代基督徒都發覺，這種在主裏的休息，需要包括每天的個人靈修，以及定期有更長時間的退修。

每天的靈修始於委身於主，每天在固定的時間與祂相會。對很多基督徒來說，在一天開始時有安靜的時間是最好的，但有些人則喜歡晚間，或孩子午睡時的短暫安寧。以下這個靈修建議對很多人都有幫助。

以一段**讚美**和思想的時間開始。詩篇或聖詩可以幫助你集中精神。

閱讀一段你能夠應付的經文——由一節到一章都可以。靈修指引有助引導你的閱讀。不要將靈修時間變成競賽，看自己在一年內可以閱讀多少卷書。用其他時間這樣閱讀聖經。這段時間是與主團契，聆聽祂今天對你說甚麼。

默想你所閱讀的經文。神對你說了甚麼有關祂的話？關於祂的應許？關於祂的百姓？經文給你甚麼指引？有沒有指出需要承認的罪？需要完成的任務？需要改變的態度？關於你周圍的世界，經文說甚麼？它怎樣幫助你明白現實？作決定？更恰當地服事別人？

最後，在**禱告**中轉向神。"ACTS"這個簡稱在這段禱告的時間幫助了很多人。**敬拜**(Adoration)包括因為神的品格而向祂表達讚美、享受和欣賞。**認罪**(Confession)將我們的罪帶到神那裏，放在祂腳前，讓自己得到赦免和挽回。**感謝**(Thanksgiving)與敬拜不同；它集中在神做了甚麼，而不是祂是誰。它是承認我們因為神在我們生命中的同在和活動而心存感激。**祈求**(Supplication)表示將我們的關注帶到神面前：我們為自己、自己所愛的人和其他人提出的要求。

較長時間的退修可以用同一個形式作為基礎，但有更多時間專注於每一方面。我喜歡大約每個月花一天在家裏禱告。有時我會獨自到樹林或教會。我會帶聖經、聖詩集和筆記簿。那些特別抽出來的時間，通常會重整我的優先次序，令我前面的日子更富生產力。

其他帶來屬靈更新的機會包括有計劃的退修和到退修中心靜修。很多退修中心都有屬靈導師，為你單獨與神一起的時間提供個人指導。

健康的屬靈成長需要有個人與神一起的時間，也需要與其他信徒團契，兩者缺一不可。如果我們只將信仰維持在私人領域，我們便不能有力地依附在基督的身體上。相反的危險是我們深深陷入團契和事奉的社會面向，以致完全忽略了個人與神的關係。

我們與神的關係，與婚姻關係相似。如果一對夫婦不與別人來往，便變得內向。神想透過別人滿足我們的需要——也期望我們關心別人。另一方面，如果一對夫婦不斷地參與羣體活動，或者整天各自活動，沒有守護兩人的親密時間，他們的關係會很快變差。神想我們成為平衡、整全的人，與祂和別人都有緊密的關係。

註釋：

1. 參本書第九章註 3。

11

建立屬靈關顧隊伍

克里斯廷（Kristin）收線時大聲地自言自語說：「為甚麼每個人需要幫助時都來找我？」這天本來應該是她放假的日子，但只是到了上午十時，她整天的時間表已經填得滿滿。她計劃將主日崇拜的錄影帶送給三個不方便外出的會友，到醫院探望兩個朋友，並為第二天的喪禮焗一個蛋糕。現在她的鄰居巴布（Barb）正陷於婚姻瀕臨破裂的危機之中。她邀請巴布來她家吃午餐，但卻不知道用甚麼招待巴布。克里斯廷感到神給自己有「幫助人」的恩賜，但她開始想應該怎樣在多得驚人的服事機會中取得平衡。

有時我們因為能幹和值得依靠而為自己製造壓力。有時我們則無力去控制壓力來源。不過，我們有方法應付多重的責任，甚至在其中仍然精神煥發。我朋友西爾維亞（Sylvia）寫道：「我們上個月度假回來後，我們九十歲的姑母嚴重中風，返回天家，我們到緬因州（Maine）參加她的喪禮。回來後，我除了要寫四份申請撥款的建議書外，還有繁重的教學工作。現在我們又對下個月的水平鑑定檢討緊張萬分。我有時渴望回到年青、純真和不用負責任的日子。現在每個人都視我為

『磐石』，是課程所有功能的關鍵——這個期望非常非常難以滿足。但患難生忍耐。」

不過，在同一篇信息中，西爾維亞描述她與自己協調的一隊義工的工作。培育和鼓勵義工隊伍的任務並不簡單。大部分義工都沒有經驗，甚至那些看似應該知道要做甚麼的人，在跟從指示方面都似乎有困難。自己做這工作可能更容易，但西爾維亞有耐性，甚至幾乎容許他們失敗。最終，她為了每個成員的貢獻而高興。她寫道：「安德烈亞（Andrea）集中留意細節，是隊伍的力量所在。辛迪（Cindy）的藝術品味和個人、愉快的溝通風格實在賞心悅目！莫妮卡（Monica）對護士的愛，以及她為了基督在與每一個人接觸時所用的人際技巧，都令人歎為觀止。她們全都出色地令人得到培育和感到自在。我們在春天很可能應該進行另一次計劃。」

西爾維亞已經在計劃怎樣幫助隊伍從錯誤中學習，以及發揮他們的長處。她也透過參與小組查經和請人與她一起禱告，令自己不致迷失方向。她亦透過與其他義工領袖建立網絡，並徵求他們的意見，從而找到支持。

組織義工人員

避免「憐憫疲勞」（compassion fatigue）的第一步是制訂一個分擔擔子的計劃。但我們大部分人都好像克里斯廷那樣回應別人的危機。有人向你求助時，你會感到飄飄然。你感到自己受到尊重，別人也需要你。幫助別人，給你意義、目標和滿足感——也令你贏得別人稱讚。這種動力傾向累積下去，令你感到自豪。最終幫助別人會成癮——變成需要別人需要自己的綜合症。分擔擔子最初可能是困難的，特別如果你是負責任的人。

西爾維亞是聰明和成熟的領袖，但她最近的計劃開始有困難時，她的一些朋友和同事變得不耐煩。他們袖手旁觀，批評她「沒有領導才能」時，我肯定她有自己接手處理一切的衝動。不過，她耐心地訓練安德烈亞、辛迪和莫妮卡，一再聆聽、引導、評估和示範。現在義工隊可以享受成功，明年的計劃會更順利。

組織義工以提供屬靈關顧，需要小心評估和計劃，也需要異象、訓練和持續鼓勵。在招募開始前，你需要決定你構思的事奉的每一方面。接著要考慮可能有興趣幫忙的人有甚麼恩賜、技巧、興趣和專長。有些工作需要主動和衝勁；其他則是幕後的。

有些角色會適合人際技巧好的人；另一些則會吸引有技術專長的人。你可以要求人們做特定的工作，並告訴他們為甚麼你認為他們符合資格。隊伍可以包括教會護士、平信徒探訪員、訓練員、聯絡員、熟悉電腦的人，設計合適經文卡的藝術家，寫通訊文章的寫手，負責貼郵票和入信封的退休人士，以及喜歡留意別人生日和重要週年紀念，寄發賀卡的人。

你也可能想邀請主日學教師和學生一同參與。例如：在聖誕節，我們的小學級主日學為所有留院或不方便外出的會友製造賀卡，並為每個人收集一籃一籃的個人物品。初中生以衣夾和鞋盒製造馬槽的場景。大部分這些馬槽場景仍然放在那些會友的牀邊，得到他們的讚賞。

另一個例子是護士的查經班。特理薩（Teresa）在市郊的醫院工作，她提及一個病人，她花了幾天與他一起禱告。她對查經小組說：「他告訴我他感到害怕，因為他轉到一間教學醫院接受心臟搭橋手術，在他**真正**需要祈禱時，那裏卻不會有人與他一起祈禱。」

伊夫林（Evelyn）立即回應。她說自己在那間醫院的心臟護理部工作，很樂意與那個病人一起禱告。小組的討論轉向怎樣建立一個正式的系統，在需要屬靈關顧的病人轉到其他地區的醫院時，轉介他們。

有人提議：「我們真正需要的是一個轉介聯絡人。」小組決定這個人需要大部分時間在家裏，喜歡打電話，而且很有條理，可以保存準確的紀錄。波林（Pauline）是小組中一個退休護士，她立即作出回應。她提到自己正在找方法繼續參與護理工作和服事小組。幾個組員立即問波林是否願意成為聯絡人。

在教會建立平信徒探訪項目，需要很多計劃和組織。假定你有興趣在自己的教會建立一個這樣的項目。以下步驟可以確保基礎穩固。

1. **找一兩個**同樣有興趣開始這個項目的人。讓別人可以婉拒你而又不致感到自己令你失望。你需要找真正感到自己蒙神呼召，而不是被強逼的人。首先聚集在一起禱告。你們第一次聚會應該只是禱告，以及尋求聖經的引導。你們確定有這需要，也有神的帶領後，便可以開始思考這項目會涉及誰人和甚麼事情。例如：你明顯需要平信徒探訪者，但你也需要教會領袖的允許和合作，也需要聯絡人、祕書服務、訓練員和提供各種資源的人、教導課程、聚會的地方、預算和資金（是的，甚至義工項目也需要金錢，應付訓練、文件、郵寄和各樣物資的開支）。

2. **與牧師見面**，分享你的想法。要謙卑，尋求建議。如果牧師告訴你，以前已經試過這個想法，但行不通，要多問一些詳情，找出當時發生了甚麼事。要準備解釋你會怎樣處理潛在的困難（例如缺乏興趣，委員會的支持不足，義工有不恰當的行為，或受訪者投訴等）。問牧師要開展這種事工，教會有甚麼政策和程序。要在教會系統中工作，即使這樣顯得麻煩和花時間，但長遠來説，這樣做對你會有利。沒有牧師和執事會或長老的全力支持，貿貿然推行一個計劃，肯定會引致對抗（和失敗）。
3. **收集資料**。運用第二章的指引，評估你教會的需要。探訪其他有類似計劃的教會。問他們怎樣開始，怎樣安排，有沒有建議給你。找出現存的訓練計劃和其他資源。你可以考慮與有專業訓練和材料的全國計劃連結，也可以制訂自己的做法。你的宗派可以提供你需要的幫助。到基督教書店找書籍和查經指引。每天都有這類新資料出現。檢視了你有甚麼選擇後，決定一個計劃，並預留預算。
4. **開始招募義工**。邀請每一個人做特定的工作，解釋為甚麼你認為他們適合負責那些工作。要清楚講明他們需要委身多久，包括訓練和預備，以及實際涉及的工作。同樣，要確保你給每個人婉拒參與而又不致感到內疚的機會。為委身定下時限，限期到時，他們可以選擇繼續，讓他們不會感到這必定是終生的責任。

傳達異象

一旦找到義工，留住他們的關鍵是傳達事工的異象。如果人們感到別人需要和欣賞他們的服事，他們便會樂意投資所需的時間和精力——即使過程變得艱苦。如果他們做這工作，只是因為被迫或感到如果不做會羞愧，便不會全心全意投入其中。罪疚感不能好好推動人；異象卻可以啟發人。異象令人看到好處，並給予工作的意義。異象可以分享，但別人必須接受，才能夠有效。建立異象的過程令人興奮，也激起熱誠。

聖經讓我們看見神對我們事奉的異象。例如：一羣護士學生查考馬太福音二十五章，令他們更相信神想他們服事窮人。他們開始在收容無家可歸人士的庇護所義務工作，在那裏他們甚麼都做，由替人洗骯髒的腳和分發食物，到帶領崇拜和與個別人士禱告。他們的查經後來變成研究耶穌怎樣服事別人，關於他們面對的真實處境，他們開始問：「耶穌會怎樣做？」

講故事可以持續地傳遞異象。隨著在食物供應處做義工的人向朋友講述他們服事的對象的故事，義工的人數逐漸增加。我自己的教會支持食物銀行，定期收集罐頭食品，但反應很差。於是我們邀請食物銀行的董事向會友演講。他們講述我們自己社區的孩子，即使只是看見一袋普通曲奇餅，面上也充滿喜悅。他們離開食物銀行時緊緊擁著那袋曲奇。

他們也生動地講述另一個來食物銀行求助的家庭的景況怎樣變得愈來愈糟。這個家庭的母親患了乳癌，幾乎要死了。父親是工程師，但在公司失去一份政府合約後，突然被辭退，令他不單沒有收入，也沒有健康保險。他們所有積蓄都花在醫療開支上。他們靠做散工支付房屋的按揭，但只能勉強維持。義工在開始時滿足這個家庭的身體需要，提供食物，為孩子找書包和鞋子，並在父親找工作時，派人陪伴母親和孩子。他們也開始滿足這個家庭的屬靈需要，與他們一起禱告，最終吸引他們加入一個教會羣體。

聆聽這些故事，令會眾落淚，他們也重新委身。他們對這些有血有肉的人產生憐憫。會友捐出來的食物多了許多！付出成了真正關顧的行動，而不單是由罪疚感推動的責任。

不過，異象不單是情感回應。推動和支持委身的異象的需要有明確的焦點，也需要頗為具體。平信徒探訪員可以有兩種不同的異象，一種是「為基督接觸社區」，另一種是「鼓勵不方便外出的會友」。前者需要比較外向的義工，他們喜歡結識新朋友，勇敢地闖進未知的領域。後者適合一些喜歡更親密、較長期關係的人。兩個異象宣言都有明確的焦點，而且可以量度。但它們是兩種不同的事工。

其他傳遞異象的工具包括為教會通訊、宗派雜誌或甚至地區報章寫有關事工的文章。地區報章尋找有趣的社區事件和服務來報導。你可以與記者分享你的異象和故事，讓他替你寫文章。不單你自己的義工會喜歡看到他們和他們的事工得到印刷媒體報導（往往附有照片），社區中的其他人也會捕捉到那異象。

如果你可以進行公開演講，你也可以主動向地區牧者聯會、長者團體或其他教會的興趣小組分享你的異象。我目前在我的地區傳遞教會護理的異象。我首先在本地的跨宗派牧養會議中演講。接著那些牧師打電話給我，邀請我向他們教會的護士演講。有七間教會開展了這些計劃。我現在向其他牧者團體演講，在本地醫院教導屬靈關顧，並鼓勵社區中的教會護士。不過我要提醒大家：傳遞異象帶來的機會，可能多得你應付不來，所以要預備好安排優次。

訓練別人提供關顧

一旦你傳達了異象，你便會與一羣熱誠的義工開始工作。教會護理是一個好例子。這個觀念好像野火一樣燃燒。世界各地的護士都捕捉到這個異象。對以非人道的護理管理方式感到不滿的護士，往往視教會護士為「我一直想從事的工作」。退休護士往往視教會護士為延續他們喜愛的事業的一種方式。

不過在這裏要提出一個警告：懷好意但沒有受過訓練的義工，帶來的壞處可能比好處多。教會護士需要十分明白信仰和健康的聯繫，有最新的護理知識，有屬靈關顧和社區評估的技巧。我開始與教會護士見面時，聽到一些令我十分關注的故事。有些護士的護理技巧粗疏，以致她們忽略了嚴重的迹象或病徵。他們不知道怎樣或在甚麼時候轉介人們接受幫助。他們不知道怎樣滿足屬靈需要，往往會運用不恰當的做法。我現在與我社區和宗派的其他人合作，也與基督徒護士團契合作，培訓義務的教會護士。

義工的訓練課程可以有幾種形式。密集的入門課程是很好的開始。課程可能為期一天或一星期，視乎工作的複雜性而定。入門課程的內容包括：

- ☐ 講述事工的聖經基礎。
- ☐ 提供該事工的特定教會或組織的使命和信念。

□ 概述事工怎樣運作，包括它的歷史。

□ 清楚的職責描述。

□ 為工作提供的資源。

□ 匯報和問責的程序。

□ 評估參加者對持續教育及支持的需要和渴望。

成年義工的訓練課程必須滿足他們感到的需要，才能夠成功。某程度上，你可能可以讓小組訂定內容，但你也需要提供框架和資源。由職責描述開始，可以提供一些要包括的具體範圍。譬如説教會平信徒探訪員的職責描述是：「平信徒探訪員會探訪患重病及/或不方便外出的會友，給他們屬靈關顧和陪伴。」

第一個可能出現的關注是探訪的技術細節。**我應該做甚麼和説甚麼？我應該去得多頻密？我應該逗留多久？**要求參加者分享他探訪病人的經驗，包括正面和負面的，藉以引發討論。大部分人都會分享正面的經驗，否則他們現在不會來做義工，但其他人可能提出一些擔心和恐懼。討論可以給你一些提示，讓你知道訓練課程中可以包括甚麼課題。讓我們聆聽一段可能出現的對話吧：

瑪麗（Mary）：上星期我送講道錄影帶給露艾拉（Louella）。露艾拉不喜歡説話，有時我感到她寧願沒有人探她。但她似乎很孤單，於是我問她我可否陪她一起看錄影帶。她感到很高興！看完錄影帶後，她滔滔不絕地説話，我們也一起祈禱。

萊斯特（Lester）：如果有人要求我高聲祈禱，我會不知所措。我不習慣這樣做。這個小組的人似乎可以很自由地與神交談，彷彿祂是一個好朋友，但我總覺得與神交談應該當祂是君王那樣。

鮑勃(Bob)：我也有同感，但我想我會學習怎樣更自然地祈禱。

南希(Nancy)：唔，我昨天去見凱琳(Katherine)，我能夠做的就只有祈禱——為自己，也為她！她的情況很糟。我不明白為甚麼神容許她受那麼多苦。我去到那裏時，我發覺自己十分健康，忙忙碌碌地生活；而她卻躺在那裏，對著四道牆；這令我感到內疚。她甚至不能坐在椅子上。我不知道應該說甚麼，所以只逗留了五分鐘便離開。

米爾德理倫(Mildred)：我媽媽臨終前，一個很好的女士每天都來看她。她從不說很多話；只是帶著她編織的東西，陪媽媽坐大約一小時。有時她握著媽媽的手，告訴她一些趣聞，但她通常只是坐在那裏。媽媽總是期待埃瑪(Emma)到訪。我想在這樣的時間，單單**出現**已經和說話同樣重要。

這些談話浮現了一些明顯的主題。參加者關心探訪的技術細節。他們似乎想知在家訪時，應該怎樣做這方面的工作，特別是如果他們探訪的人不說話或不歡迎他們的存在。有些人關心禱告的形式和內容，以及怎樣與別人一起禱告。對苦難和死亡的關注也浮現了出來。同時，有些人明顯有潛質成為師傅。瑪麗在探訪露艾拉時發揮了創意，似乎很容易與人談話和禱告。或許她可以和萊斯特或鮑勃成為一組。米爾德理倫從個人經驗學懂同在的價值。或許下次南希探訪凱瑟琳時，她可以與南希一起去。這個小組的人也似乎明顯歡迎有關於提供屬靈關顧的課程。

下一步是為小組決定最有效的學習類型。好像基督徒護士團契、醫院護士團契、一些教會護士的支援小組、基督徒醫科及牙科學會（Christian Medical and Dental Society）、司提反事工機構和一些宗派團體，都為健康護理專業人士和平信徒探訪員提供不同的課程。參加這些課程不單可以提供有系統的取向和充實的內容，也可以與別人建立聯繫，給參加者更大的異象。這樣可能可以突破「我們從未這樣做過」這種反對理由。

例如：在賈尼絲（Janice）嘗試鼓勵平信徒探訪員與他們探訪的人一起禱告時，小組中幾個婦女堅持說：「信義宗的人不會這樣做！祈禱是私人事情。」後來她們參加由宗派資助的禱告會議，那個會議鼓勵談話式禱告。現在她們感到自己得到容許這樣做了。不用多久，她們不單開始與別人一起禱告，甚至組織每月的祈禱會，以及在教會建立緊急的連鎖禱告。

外來講員向小組演講，提出計劃或帶領課程，往往顯得比你或小組的成員更可信和有權威。要求另一間教會或另一個事奉機構的人來向你的小組演說，往往可以擴闊他們的異象，增加事奉的可能性。例如：我們最近有兩個來自多元教會事工（multichurch ministry）的講員，他們在社區中服事不方便外出的人。他們分享異象，講故事，並解釋他們的需要。幾個會友主動提出幫助他們，開始參加每個月的義工支援小組。他們現在將想法和挑戰帶回來給我們的會眾。

為參與你計劃的人提供定期一起查經、分享經驗和彼此鼓勵的機會，這可以成為一種持續的學習方式。參加者分享時，要留意以一些方法強化已經提過的原則，並嘗試找出需要甚麼進一步的幫助。例如：在一個聚會裏，幾個成員開始討論大家可以怎樣為兩個似乎患了抑鬱症的人帶來「歡笑」。他們嘗試了多個星期後仍然失敗，這令他們感到沮喪。一個婦女斷定說：「畢竟抑鬱是罪；真正的基督徒應該是喜樂的。」他們決定邀請一個基督徒輔導員向小組講述抑鬱症的詳情，以及怎樣支持抑鬱症患者。

訓練課程的其他可能性包括討論書籍和查經。除了本書的「書籍推介」列出的那些書本外，有很多新的訓練材料不斷出現。

鼓勵忠心的人

俗語說：「你不能給別人你沒有的東西。」要滿足屬靈需要，你不需要讀過神學，或對所有艱難的問題都有答案。但你**是**需要與神有活潑的關係，並樂意與別人分享。每當你做與人有關的工作時，人們都可能會誤解你，不欣賞你，甚至欺負你。我們是與罪人交往的罪人。即使困難出現，也不要感到驚訝。

我們在教會或基督徒事工中義務工作時，衝突通常將我們殺個措手不及。我們很容易受到試探，想退入自己的角落發怒——或者嘗試以牙還牙。有趣的是，聖經正面處理衝突。耶穌的門徒爭論誰是最大的（可九34）。保羅與彼得爭執（加二章），反對他的虛偽。保羅明顯對約翰馬可感到失望，以致拒絕讓他跟自己去安提阿（徒十五38）。新約的書信經常提到信徒之間的爭執，包括友阿蝶和循都基之間的意見不合，兩人甚至需要第三者調解（腓四2）。

聖經清楚表明衝突是無可避免的，但我們需要處理它，並繼續事奉。希伯來書勸我們：「所以，你們要把下垂的手、發酸的腿挺起來；也要為自己的腳，把道路修直了，使瘸子不致歪腳，反得痊愈。你們要追求與眾人和睦，並要追求聖潔；非聖潔沒有人能見主。又要謹慎，恐怕有人失了神的恩；恐怕有毒根生出來擾亂你們，因此叫眾人沾染污穢」（來十二12～15）。

追求和睦並非表示我們假裝衝突不存在，或者在別人有不同意見時屈服。衝突要求我們聆聽敵人，然後饒恕他們，愛他們，即使我們有不同意見。奉基督的名事奉比維護我們的尊嚴更重要。

我們不用為自己的立場提供論據；我們不應傳遞怨恨的感受或憤怒的思想，從而製造不和。彼得告訴我們：「總而言之，你們都要同心，彼此體恤，相愛如弟兄，存慈憐謙卑的心。」（彼前三8）保羅勸誡我們：「所以，你們該彼此勸慰，互相建立」（帖前五11）。

我們可以怎樣彼此建立？希伯來書提供一些指引：「也要堅守我們所承認的指望，不至搖動，因為那應許我們的是信實的。又要彼此相顧，激發愛心，勉勵行善。你們不可停止聚會，好像那些停止慣了的人，倒要彼此勸勉。」（來十23～25）

首先，我們需要注目在耶穌身上，我們承認祂是我們的盼望。我們每個人都嘗試跟隨和服事耶穌時，最終會朝同一個方向走。當我們發覺自己不斷面對苦難、死亡和失敗時，仍然可以知道耶穌應許會向我們持守信實。我們的工作不是徒然的。由於我們必須以這盼望為基礎，才能奉基督的名事奉；所以我們的聚會應該包括查經、禱告和敬拜。

其次，我們需要聚集，以愛和善工彼此鼓勵。承認別人做得好的事情，在他們失敗時與他們一起努力，彼此代求。要開放自己，與別人分享你的喜樂和掙扎。你感到想留在家裏，或不去參加支援小組的聚會時，要記得你的缺席會令別人洩氣。我們都需要大家。

神給我們奉祂的名服事的榮幸。照顧別人的屬靈需要容許我們走上神聖的土地；我們是與宇宙的神同工。雖然周圍的世界尋求拆毀和破壞，但主委派我們成為建立祂的國度的中介人，成為和好的使者。這工作是美好和永恆的投資。

書籍推介

Bakken, Kenneth L., and Kathleen H. Hofeller. *The Journey Toward Wholeness: A Christ-Centered Approach to Health and Healing.* New York, NY: Crossroad, 1988.

Biddle, Perry H., Jr. *A Hospital Visitation Manual.* Grand Rapids, MI: Eerdmans, 1994.

Carson, Verna Benner. *Spiritual Dimensions of Nursing Practice.* Philadelphia, PA: Saunders, 1989.

Fish, Sharon. *Alzheimer's: Caring for Your Loved One, Caring for Yourself.* Carol Stream, IL: Harold Shaw, 1996.

Fitchett, George. *Assessing Spiritual Needs: A Guide for Caregivers.* Minneapolis, MN: Fortress, 1993.

Haugk, Kenneth C. *Christian Caregiving: A Way of Life.* Minneapolis, MN: Augsburg Fortress, 1985.

Matthews, Dale A., with Connie Clark. *The Faith Factor: Proof of the Healing Power of Prayer*. New York, NY: Viking, 1998.

Miller, James A., Jr. *The Caregiver's Book: Caring for Another, Caring for Yourself.* Minneapolis, MN: Augsburg Fortress, 1996.

O'Brien, Mary Eilzabeth. *Spirituality in Nursing: Standing on Holy Ground.* Boston, MA: Jones & Bartlett, 1999.

Phillips, Susan S., and Patricia Benner. *The Crisis of Care: Affirming and Restoring Caring Practices in the Helping Professions.* Washington, WA: Georgetown University Press, 1994.

Raber, Ann, ed. *A life of Wholeness.* Scottdale, PA: Herald, 1993.

Richards, Larry, and Paul Johnson. *Death and the Caring Community: Ministering to the Terminally Ill.* Portland, OR: Multnomah, 1980.

Robbins, Jerry K. *Carevision:The Why and How of Christian Caregiving.* Valley Forge, PA: Judson, 1993.

Shelly, Judith Allen, and Arlene B. Miller. *Called to Care: A Christian Theology of Nursing*. Downers Grove, IL: InterVarsity Press, 1999.

Shelly, Judith Allen, and Sandra D. John. *Spiritual Dimensions of Mental Health*. Downers Grove, IL: InterVarsity Press, 1983.

Shelly, Judith Allen. *Spiritual Needs of Children.* Downers Grove, IL: InterVarsity Press, 1982.

Solari-Twadell, Phyllis Ann, and Mary Ann McDermott. *Parish Nursing: Promoting Whole-Person Health Within Faith Communities*. Thousand Oaks, CA: Sage, 1999.

Wangerin, Walter, Jr. *Mourning into Dancing*. Grand Rapids, MI: Zondervan, 1992.

Westberg, Grander E., and Jill Westberg McNamara. *The Parish Nurse: Providing a Minister of Health in Your Congregation*. Minneapolis, MN: Fortress, 1990.

讀者意見表

緊扣時代 服事教會

以文字傳揚基督真道

衷心多謝你購買本社書籍。本社一直致力以出版事工服事教會，幫助信徒扎根於神的話語，促進靈命增長。為使我們的出版更能滿足你的需要，請填寫下列各項資料，並寄回或傳真予本社。

所購書籍：＿＿＿＿＿＿＿＿＿＿＿＿

本書最吸引你的地方：

□作者　□適切性　□文筆　□設計　□實用性

□其他：＿＿＿＿＿＿＿＿＿＿＿＿

購買本書地點：

□基道書樓　□基督教書店　□非基督教書店

性別：□男　□女　職業：＿＿＿＿＿＿

信仰：□基督徒　□非基督徒

年齡：□ 16 歲或以下　□ 17～25 歲　□ 26～35 歲

□ 36～55 歲　□ 56 歲或以上

學歷：□中三或以下　□中五　□預科

□大學　□研究院

□我欲更多了解基道出版社的事工及考慮支持，請寄給我下列資料：

□機構簡介　□新書資料　□基道會員通訊

□《基道文字事工通訊》

姓名：＿＿＿＿＿＿＿＿＿＿電話：＿＿＿＿＿＿

地址：＿＿＿＿＿＿＿＿＿＿＿＿＿＿＿＿

＿＿＿＿＿＿＿＿＿＿＿＿＿＿＿＿

傳真：＿＿＿＿＿＿＿ 電子郵件：＿＿＿＿＿＿＿

其他意見：＿＿＿＿＿＿＿＿＿＿＿＿＿＿

＿＿＿＿＿＿＿＿＿＿＿＿＿＿＿＿＿＿

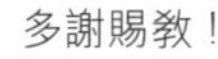

意見表可以傳真（2687-0281）或直接郵寄以下地址：

香港沙田火炭坳背灣街26號富騰工業中心1011室

基道出版社編輯部收